挑战与机遇
新闻传播业发展与创新研究

TIAOZHAN YU JIYU

XINWENCHUANBOYE FAZHAN YU
CHUANGXIN YANJIU

丁光梅 主编

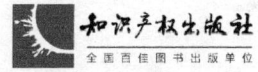

图书在版编目(CIP)数据

挑战与机遇：新闻传播业发展与创新研究 / 丁光梅主编. —北京：知识产权出版社，2018.4

ISBN 978-7-5130-5406-5

Ⅰ.①挑… Ⅱ.①丁… Ⅲ.①传播媒介 – 研究 Ⅳ.①G206.2

中国版本图书馆CIP数据核字(2018)第009061号

内容提要

本书以新闻传播业的发展与创新研究为主题，带领读者深入探讨新闻传播业的发展与创新所面临的挑战与机遇。本书研究了新媒体环境下的传媒格局、版权保护、传播模型、内容构成与表达角度，并通过案例剖析解读了新媒体环境下传播业如何把握机遇，实现转型与创新，如何应对危机，实现升级与发展。

责任编辑：许 波 张冠玉　　　　责任出版：孙婷婷

挑战与机遇：新闻传播业发展与创新研究

TIAOZHAN YU JIYU：XINWENCHUANBOYE FAZHAN YU CHUANGXIN YANJIU

丁光梅　主编

出版发行：	知识产权出版社有限责任公司	网　　址：	http://www.ipph.cn	
电　　话：	010-82004826		http://www.laichushu.com	
社　　址：	北京市海淀区气象路50号院	邮　　编：	100081	
责编电话：	010-82000860转8699	责编邮箱：	zhangguanyu@cnipr.com	
发行电话：	010-82000860转8101	发行传真：	010-82000893	
印　　刷：	北京中献拓方科技发展有限公司	经　　销：	各大网上书店、新华书店及相关专业书店	
开　　本：	720mm×1000mm　1/16	印　　张：	15.25	
版　　次：	2018年4月第1版	印　　次：	2018年4月第1次印刷	
字　　数：	210千字	定　　价：	58.00元	
ISBN 978-7-5130-5406-5				

出版权专有　侵权必究

如有印装质量问题，本社负责调换。

目 录

大数据发展趋势对新闻生产及新闻工作者的影响 …………… 龙　艺（1）
论群组传播的再中心化趋势 ……………………………… 李　程　张　聪（10）
基于"5W"模式探析社交媒体时代下的"反转新闻" ………… 何圆圆（18）
浅谈新媒体环境下的传媒新格局 …………………………… 邓秋黄（27）
浅析新媒体环境下对"时事新闻"的版权保护 ……………… 宋罗子秋（34）
社交媒体视角下的网络流行语研究——以鹿晗"宣言体"为例
　　……………………………………………………………… 高祯蔓（40）
浅谈手机视频新闻的内容构成和表达视角 ………………… 陈襄茗（46）
浅论新媒体的特征和影响 …………………………………… 苗清源（54）
从主流媒体看2017年两会报道的突破与不足 ……………… 肖　雅（62）
反腐议程下政治传播的影视表达与全媒体奇观
　　——以《人民的名义》为视角 ……………………… 常　昕　卜希梦（70）
关于国内政治传播的思考——以"一带一路"倡议为例 ……… 苏　瑜（78）
美国传统媒体之媒介融合实践分析——以《纽约时报》为例 …… 汤小花（86）
从个人创作到自媒体的传播学解读

——以头条号"清野剧评"为案例的实证研究 …… 李琪瑶 许抄珍（92）
浅析微信公众号现状及发展策略 …………………… 诸葛寰宇（105）
从传播学视角解读英超联赛在我国的传播策略 …… 李孟远（113）
基于博物馆场景的代际传播范式创新研究 ……… 屠 蔷 张 聪（122）
移动互联网时代下的社群营销探究 ………………… 黄雅丽（131）
"社交抑郁"时代健康传播的特点与展望
　　——以社交媒体治疗抑郁为例 …………… 李美霖 张 聪（139）
网络视频营销之平台联动营销模式研究 …………… 田 薇（147）
新媒体时代企业公关传播策略分析
　　——以李宁体育品牌公关传播为例 ……………… 平晶晶（156）
企业贴合热点进行日常公关活动的利弊分析
　　——以杜蕾斯官方微博为例 ……………………… 郭慧敏（162）
企业微信公众平台的公关策略探析
　　——以安利（中国）公司的"安利微刊"为例 …… 马 媛（170）
"京东"微信公关策略探析 …………………………… 方舒怡（180）
中国邮政"随手拍"公关活动分析 …………………… 王海晨（189）
耐克微博公关现状研究 ………………………………… 杨 阔（197）
从快递员被打事件看顺丰公司危机公关应对策略 …… 刘 甜（203）
引进国外电视节目模式"热"背后的冷思考 ………… 范思齐（209）
关于中国数字音乐版权保护问题的思考 ……………… 王姚冰（218）
对互联网医疗问诊的分析与思考 ……………………… 晋钰佳（224）
江小白的营销策略分析 ………………………………… 杨 奇（232）

大数据发展趋势对新闻生产及新闻工作者的影响

龙 艺*

摘 要：现在是一个信息爆炸的时代，每分每秒都有大量的信息在各个领域产生，这些庞大、快速且复杂的信息被称作"大数据"（Big Data），它是近年来在科技、企业及学术领域都极其热门的新名词。随着网络及科技的快速发展，各行各业都意识到大数据背后的无限商机与创新潜力，本论文探讨的新闻产业也不例外。如何从庞大的数据中撷取出有意义的信息进行有效地分析和利用，是目前大数据相关研究的核心议题。

研究结果表明，大数据的发展不仅使解读数据变得比过去容易，也让新闻叙事多了不同的面貌，但由于受到人力、时间、工具和数据量等因素限制，国内数据新闻难以普及。本文探讨国内数据新闻的发展并整理受访者的建议，以期对新闻产业及新闻教育有所启示。

关键词：大数据；新闻生产；数据新闻；新闻工作者

随着科技的日新月异，生活中的日常行为都能被记录、被转换为庞大的数据资料；浏览电脑网页、在网络虚拟商店购物、在朋友圈签到与点赞、手机APP的下载与运用、车辆GPS定位……各式各样的科技都在记录着人们的足迹。不管承认与否，人们所面对的是一个不断被资料淹没的"大

---

* 龙艺，时为北京印刷学院硕士研究生。

数据时代"。

大数据的应用中较广为人知的是在商业、政治、教育和影视娱乐领域的应用。近几年，大数据也开始受到新闻产业重视，通过挖掘大数据以找寻新闻点的数据新闻（Data Journalism，又称数据新闻学），即为了不让枯燥庞大的数据使受众望而却步，它多伴随着视觉化与科技互动呈现的新闻叙事方式。

有"网络之父"之称的Tim Berners-Lee曾宣称："数据驱动的新闻就是未来。"国外涉足数据新闻学相对较早，诸如英国的《卫报》和BBC、美国的《纽约时报》和《华盛顿邮报》等都已组成了专业的数据新闻制作团队，以及强大的数据中心系统。其中，《卫报》的"数据博客"（Data Dlog）于2011年1月成立，属于业内较早也较具影响力的数据新闻先驱，除了每天会更新至少一篇数据新闻作品外，还会在特定时间推出数据新闻系列报道，如《艾滋病数据》《伦敦奥运会》《美国总统大选》等。国外的新闻相关院校也纷纷开始设立数据新闻写相关课程，如哥伦比亚大学新闻学院便开设了计算新闻课程。国内亦有中国传媒大学等学府开设了数据新闻学专业。同时，国内目前尝试运用大数据撰写新闻的主流媒体也逐渐多起来，如新华社、中国新闻社、CCTV、中国日报、人民日报、环球时报、CRI国际在线、新浪网，以及搜狐网等。

一、大数据（Big Data）

大约从2009年开始，大数据才成为互联网信息技术行业的流行词汇。与传统数据相比，大数据不仅具有数量大、处理过程复杂等特点，同时也因为这些特点而蕴含了被无限挖掘和运用的巨大价值。随着网络平台与媒体汇流、碎片化发展，网络行销的工具与手段也呈现出更加多样化的面貌，尤其是网络媒体结构的改变，由搜索引擎、分享视频及社群媒体所带来的新形态也随之盛行，使用户使用网络的偏好与时间产生了大幅度转变。大数据时代的来临，也预示着营销策略即将发生翻转。同时，随着网络技术的不断发展，以及Web2.0时代网络受众的个性化变迁，网络作为主流媒体的强大优势使其从补充型媒体跃居为传播中心媒体。因此，网络广告也拥有充分展示、发挥的媒介平台，网络广告利用自身媒介的交互性、广泛性、便捷多样性、形式独特性等特点占据了广告市场的领导地位。其中，在网络上不断创造辉煌的视频网站以其覆盖面广、精准定位、多元而优化的传播管道成为大数据行销中增长最快的类型。

简言之，如今我们不仅处在一个资料时代，更处在一个资料爆炸的大数据时代。在创新应用上，不少大型知名网络公司成为使用大数据的领头羊。如百度积极搜集各种数据以促进整合服务；淘宝、京东等用大数据来加强消费者体验。身处这个时代下的人们不得不有危机意识，能够认识到自己正处于一个大数据时代。传统分析与大数据分析比较见表1。

表1 传统分析与大数据分析之比较

对比项目	传统分析	大数据分析
资料存储花费	高	低
资料分析	离线的	即时的
Hadoop	否	是
数据下载速度	低	高
数据下载时间	长	平均快50%~60%
数据发现	最小的	关键的
数据多样性	结构	非结构
数据量	Gigabyte、Terabyte	Petabyte、Exabyte、Zettabyte
即时性	一批	即时
管理时间	长期	平均快60%
复杂问题回应时间	小时／日	分钟
数据压缩技术	不成熟	平均压缩40%~60%以上的数据
支援成本	高	低

二、数据新闻的崛起

数据新闻，又称资料新闻，是大数据与新闻学相结合的产物。其包含几个重要的概念：运用电脑程式分析大数据、数据视觉化、数据个人化，以及数据开放与分享等。

当代数据新闻不仅是新闻与报道形式，更是数位时代的重要趋势。记者利用电脑程式分析大量的数据，并且将数据进一步以视觉化或个人化叙事方式呈现。数据新闻包含了开放数据的概念：一方面开放政府数据，监督政府提升资料透明度，另一方面开放媒体数据，与受众共享。数据新闻的理念是从复杂又庞大的资料来源中寻找可用的故事，通过电脑分析资讯，并且着重于如何把故事讲得最好。

数据新闻就是用资料处理，把传统的新闻敏感性和具有说服力的叙事能力，与海量的数位资讯相结合，能够为协助新闻工作者通过资讯图表来报道一个复杂的故事创造了可能性。

（一）数据新闻的产制流程

数据新闻的形式虽多样，但仍有概略的产制流程：议题选定—数据收集—人力分配（进行数据筛选、分析、新闻编／采、视觉设计）—开会讨论、修改—成品。

1.议题选定

议题选定以时事、兴趣、团队讨论为中心。数据新闻其实与一般传统新闻一样讲求灵感，一方面，当有热门事件发生时，数据新闻产制的可能性就会提高；另一方面，产制者个人平时兴趣的积累，也是数据新闻初步议题选定的关键。无论是独立产制者，还是隶属于新闻组织的团队工作者，议题的选定多会受时事或平时兴趣的积累影响；独立产制者的制作弹性较大，相对需要负荷的工作内容也较多；隶属团队的新闻工作者，虽可根据自身兴趣提出议题方向，但议题选定仍需经过开会讨论，制作弹性较小，但不过作分工后的压力也相对较小。

数据新闻受限数据来源与话题性。当议题选定之后，进入收集数据与资料的阶段才会遇到问题，也许是数据不足、数据太旧、资料太庞杂、不具有话题性等问题。一方面，尽管网络资源拥有庞大的数据，但仍有数据不足的可能；需要的数据没有提供开放下载；筛选庞大的数据，实际能用的很少；想尝试的议题在网络上没有足够的分享资源。另一方面，即使数据充足，也会面临问题，筛选与分析必须依赖热门议题或擅长统计的专家；筛选完成发现新闻点与大众认知相符合，不足以进一步产制完成数据新闻。

2.人力分配

数据新闻的产制方式多以团队为主，人力设置大概为新闻人（记者、编辑或者编采二合一）、工程师、设计师。与国外不同的是，国外的记者多是一人同时担当写程式与视觉设计角色，称为"数据记者"。但是国内仍以跨领域合作的团队为主，倘若为个人产制的独立记者，通常主题不会太大或者太深入。当独立产制者所待的组织只有其一人负责产制数据新闻时，相对的压力就也较大，且没有经过团队合作，难以讨论出不同的维度。

3.程式与视觉化操作

数据新闻报道和其他新闻报道领域的不同之处在于，数据新闻结合了三项元素——传统"新闻鼻"（察觉事件的新闻性）、将故事说得动听的叙事能力，以及大尺度和大规模的数字化资料。数据新闻的意义至少涉及两点：如何从大量资料里挖掘新闻、如何呈现资料。程式与视觉化的操作是数据新闻中最关键的步骤，即前述的挖掘大尺度和大规模数字化资料，以及如何呈现资料。

（二）数据新闻的应用

近些年来资讯图表（Infographics）在国内外越来越热门，从传统的柱形图、折线图和饼图，发展成为近期的社群关系图、热力图、互动地图、影片等，呈现方式愈发精致与丰富。图表早期多扮演辅助文字新闻的角色，现今则跃升为数据新闻主要的叙事方式之一。特别是高密度资料的专题，资讯图表的叙事能力比文字强大。与此同时，绘制资讯图表的视觉化记者也变成实务界越来越重视的人才。但是不管数据新闻的叙事手段如何变化，都仍须遵从新闻道德规范，并且以制作读者更易理解的内容的数据新闻为重，不偏离事实与原始数据，不追求华而不实的视觉技巧与点击率。

数据新闻包含两个阶段：第一个阶段是收集资料、分析资料、从资料中找到新闻故事；第二个阶段因为资料数据庞大，于是要试着以视觉化方式呈现，才能说明新闻故事的全貌。

（三）大数据应用于新闻领域的优势

1.资料分析较过去容易、快速

因大数据的诞生，各式各样的分析工具、程式软件随之被发明，以期能帮助我们更有效地挖掘想要的资讯并快速地从中获利。随着大数据的蓬勃发展和科技日新月异，解析庞大复杂的数据所耗费的时间越来越短，甚至可以完全交付电脑"跑数据"，不需要耗费过多人力与时间。

2.促进新闻业与其他领域的结合

虽说新闻领域本来就是综合性的产业领域，结合了各类专业，如体育、财经、娱乐、文艺……但大数据的出现，更加提供了不同领域间新型的合作形态。其中最大的是新闻产业与社群网站、入口搜寻网站之间的密不可分的互利关系。

3.为新闻提供新的叙事方式

大数据为新闻提供了新的叙事方式，国内亦有新闻媒体积极尝试，将开发各种可能的新的新闻叙事方式作为主要任务。

4.为读者提供不一样的解读方式

大数据促进了数据新闻的发展，使复杂的数据在新闻中的可读性变强，让本来使人们望而生畏的原始资料变得更好"消化",使得隐藏在数据里的故事能触动更多人。

(四)大数据应用于新闻领域的风险

1.提高新闻工作者的准入门槛

任何产业皆是如此,当一项新事物、新概念发展得如火如荼,促使原本的产业不得不做出变化时,首当其冲的则是对从业人员要求的提高。

2.不同于传统新闻的生产时限压力

根据新闻工作者的经验,数据新闻生产的时间普遍为1个月。当议题较大、数据较多的时候,一个月的时限可能还显得太短。从一般传统的新闻生产的流程来看,1个月的时间又太长,由此不难看出数据新闻生产的过程较为繁复。

3.数据来源的可信度存疑

网络资料来源复杂,若使用的数据来源经过转载或截取,难保不会失真。又或者个别相关从业者为获利,提供假数据。因此,就如上文中提到的,在大数据的4V特性中,真实性(可信度)是最具争议的特性。

(五)新闻工作者职能转换

1.新闻工作者从被动变主动,积极获取新闻源

传统新闻生产模式主要依靠新闻记者的人脉,或者从生活中寻找可供报道的新闻源。但网络与大数据兴起后,记者可以主动出击,在新闻议题选定之后,积极主动地寻找与之相关的数据资料,而后进一步分析数据背后是否有相关的新闻事实存在,并判断是否具有新闻价值。

数据新闻需要记者具备整合新媒体、深度开发数据新闻的能力,使记者可以突破传统思维模式,通过网络链接并整合社群媒体,深度开发数据新闻内容,使受众不仅可以从新闻报道中获取有用的信息,还能对新闻内容进行

个性化使用，有效提升其新闻价值和社会效益。

2.新闻工作者的资料素养有待提高

数据新闻为把传统的新闻敏感性和有说服力的叙事能力与大数据结合创造了新的可能。但是大数据价值密度很低，且数据之间的关系难以轻易看出，这是新闻记者最先面临的挑战。如何挖掘与统计资料、发现资料与线索的相关性，以此形成视觉化数据新闻而被受众接受，这一系列新闻生产流程是对新闻记者对数据资料的敏锐度的考验。

具有数据意识的记者在数据新闻报道中需要反复思考以下问题：一是数据来源是否可靠，其时效性如何，是出于何种目的、采用怎样的方法收集而来；二是数据中间究竟包含了怎样的主题和线索，应该选择哪些数据进行报道，所选样本是否符合统计显著性的要求；三是自身对于因果关系的理解是否正确，结论是否合理，以及能否推而广之等。

3.新闻工作者要成为数据解读者

记者必须知道如何利用资料寻找、分析和视觉化新闻故事。首先，在表达形式上，视觉化技术成为数据新闻的呈现特征，新闻报道以信息图表的形式发布，不仅使新闻形象化、直观化与趣味化，还能够化繁为简。对处于视觉传播时代的使用者而言，信息图表更符合他们的阅读习惯。其次，它以呈现问题为主，对问题的解释较少，以这种方式呈现的新闻具有更利于提示要点、分析事件过程、表现各要素的关系等优点。最后，在新闻的生产流程上，资料新闻在借助大量资料的同时，更多的是对新闻从业人员的数据加工和处理能力的考验。

除此之外，对于从事数据新闻报道的新闻记者来说，团队合作精神与能力尤其重要。从业界实践来看，数据新闻的生产少有单兵作战的模式，多是团队合作的成果。传统新闻工作者与数据新闻工作者职能转换对比见表2。

表2 新闻工作者职能转换

传统新闻工作者	数据新闻工作者
新闻事件发生后，进行新闻采访与编辑	新闻事件发生前，挖掘数据并进行分析
单打独斗	团队合作

结论

综上所述，可整理出大数据时代下，新闻工作者的职能与过去相比较大有不同，即新闻工作者可以提升主动性，主动地读取数据，并从数据中挖掘新闻点。但也正因如此，数据新闻使新闻工作者的从业门槛也随之提高。新闻工作者不仅要加强资料素养的培养，还要懂得如何进一步分析、利用以及解读，这才符合所谓的数据解读者身份。

未来对于数据新闻相关人才的需求会日益增多，新闻工作者学习数据分析、程式编写、视觉化等技能虽非必要，但至少要对共同术语有所了解，若能进一步学习则更好，这不仅能提高竞争力，亦能拓展转换不同跑道的可能。

参考文献

[1] 彭兰.大数据时代:新闻业面临的新震荡[J].编辑之友,2013,4(1):6-10.

[2] 官建文,刘扬,刘振兴.大数据时代对于传媒业意味着什么?[J].新闻战线,2013(2):18-22.

[3] 陈昌凤."大数据"时代如何做新闻?[J].新闻与写作,2013(1):90-92.

[4] 蒋亚平,官健文,林荣强.新闻失实论[M].北京:中国新闻出版社,1986:229-230.

[5] 李希光,张小娅.大数据时代的新闻学[J].新闻传播,2013(1):7-11.

[6] 文卫华,李冰.大数据时代的数据新闻报道——以英国《卫报》为例[J].现代传播(中国传媒大学学报),2013(5):139-142.

论群组传播的再中心化趋势

李程 张聪*

摘　要：近年来，微信群在人类的互联网生活中占据越来越重要的地位。内容的传播不仅是一些媒体人或某领域的爱好者、专家利用微博、微信公众号进行的传播行为，同时，微信群也是内容传播平台，并具有基于交流方便、门槛低等特点，在内容传播的同时，发起活动、线上交流、工作监督等也成为微信群传播的特色。人人都是传播者，体现了"去中心化"的概念，而微信群成体系、有目标、有管理者的传播机制也印证了"再中心化"这一概念。笔者首先描述"再中心化"的成因及传播机制，再以"有书共读"微信群为案例，进一步探讨群组传播的"再中心化"趋势，最后对"再中心化"的传播现象做出总结和展望。

关键词：群组传播；微信；"有书共读"；再中心化

互联网时代的信息交流，从某种程度上来说是基于"圈子"或"群组"的交流。以人为单位的社交网站上，尽管每天社交平台上都有无数的人传播着无数信息，当聚焦到某一话题或某篇帖子的时候，被兴趣和好奇心吸引而来临时构成的讨论组也可以成为一个"圈子"。例如，论坛上一个人贴出了自己有关某件事的经历，在相隔不长的同一时间段里，选择阅读这篇帖子的

---

* 李程，现为北京印刷学院硕士研究生；张聪，博士，现为北京印刷学院新闻出版学院讲师。

人聚集起来进行针对此帖子的讨论，从而构成了一个话题"圈子"。又如，问答网站上一人发起问题后，能够回答问题的人各自从自己的角度给出答案，一时间内形成了一个类似学术研讨会的"圈子"。这样的例子还有很多，在人们日常使用的新媒体平台中，这样的群组传播不计其数。其中，微信群作为一种交流工具，最能体现"圈子"式的传播。虽然有一部分微信群是临时发起的，但比起其他社交平台基于话题而构成的临时讨论圈，微信群一旦建立，就会被保存到微信通讯录，是"圈子"的硬件在先，而话题或内容在后，具有更加稳固的特点。

一、从去中心化到再中心化

（一）互联网时代"Web"演变体现的"小众传播"的特点

在讨论以微信为平台的群组传播"中心化"问题之前，笔者从传播学角度分析了微信的传播特点。在郭庆光所著的《传播学教程》中，群体传播被定义为："群体传播也被称为小团体传播，是介于人际传播与组织传播之间的一种传播形式。在群体传播中，每位成员都拥有相对平等的社会地位、分享相对平均的传播资源，共同的群体意识和群体规范，群里的每个成员可以自由地发表意见，并且可以影响群体的决定。[1]"群体传播体现了"去中心化"的特点，微信群组中的每个成员都享有平等和自由的表达空间。而越来越规范化的微信群组也体现出大众传播的某些特点。郭庆光将大众传播定义为："所谓大众传播，是专业化的媒介组织运用先进的传播技术和产业化手段，以社会上一般大众为对象而进行的大规模的信息生产和传播活动。"根据定义，微信群的传播还很难构成大众传播，微信群的传播对象没有那么广泛，也没有专业的媒介组织进行信息的生产和传播。但微信群的传播也具备利用媒介形式和专业内容的特点，并且有一定量的用户基础，可谓是一种介于群体传播与大众传播之间的"小众传播"。

互联网的发展，从Web1.0到还在构想和建设中的Web4.0，不仅体现了技术的发展，更展现了人类在网络环境中交流方式的演变，特别是上文提到的"小众传播"现象尤为突出。从门户网站为用户发布分类内容，人们被动而别无选择地在电子公告栏中娱乐学习，到人们通过搜索和网络社交，主动学习和分享并为自己定制内容，再到未来无所不在的网络将人类包围和链接，人们还未手动搜索，网络就会通过数据分析，在任何时间和地点提供人类所需，并培养新的爱好者或消费者，甚至是新的就业机会。

（二）从"去中心化"到"再中心化"

网络空间的"Web演变"是以互联网的角度来描述的，以人类——也就是互联网的使用者为视角，就可以描述为去中心化到再中心化的过程。"去中心化"是学者西蒙斯在其关联主义的著作中提出的一种网络时代知识传播的一种现象，它的含义是网络时代，人们获取知识可以不用权威机构提供并进行统一的教育，人们通过网络搜索或吸收来自其他网友分享的信息来获取知识。以往结构化、成体系的知识传授方式被数量庞大的、无处不在的知识碎片所取代。在Web1.0到Web2.0时代之间，人类的信息交互方式逐渐出现了这种"去中心化"现象，人人都是信息接收者，同时又是发布者。网络的匿名性削弱了真实社会中人们的身份地位，在任何一个领域，每个人都有话语权，并伸展个性。然而，不可忽视的是，这种信息传播方式会造成学习的碎片化，系统的学习方式逐渐缺失。就如上文中提到的，一些100人左右的微信群，特别是兴趣群，在经过一段时间后都会逐渐消亡。每个人平权的发言、讨论缺乏系统性的知识脉络和规范的管理，使得聊天总有一天达到饱和度，不能持续发展下去。

而在Web2.0和Web3.0之间，"去中心化"的概念在传播过程中逐渐显现出了一些传播中心。在一些互联网论坛或研究者的文献中，逐渐质疑"去中心化"的存在，甚至直接出现"再中心化"这个词。"再中心化"出现的原因并不难推断：首先，稀缺资源仍然是市场中的重要因素。在传播领域，稀缺资源就是原创优质内容，不可复制的、突出的内容必然占少数。其次，不同的人在不同的领域逐渐呈现出专长，微博上的"大V"、知乎上的大牛、拥有一定粉丝数量的专题博主或个人公众号等，都在网络信息传播中发挥着意见领袖的作用。因此，"去中心化"是指技术对用户的赋权，是基础平台和互联网环境的普遍现状，而传播过程中大多数的信息是被淹没的，有效的传播总是集中在少数人的手中。也正是这些中心，将被淹没的传播者聚集起来，通过兴趣需求等分类，使大众的言论有放置的地方，每个人的话语权仍然没有改变，只是这些意见领袖在众多平等的发言中显得更为重要。"再中心化"推翻了"去中心化"。

在微信群的传播机制中，拥有专业化定向传播的微信群依靠其管理者维护日常的交流和内容发布，群众有管理者、倡导者、活动组织者，还有带动气氛的较为活跃的普通用户、提供信息的内容型用户，以及以学习为目的的沉默型用户。微信群内部成员不再是无差别的，不再是人人都说着一样的话语的聊天室，而是有中心的圆。这个圆中的人相互联系，有层级之分，知识的分享又变得具有系统性。微信群的传播机制还要考虑技术的进步与社会的发展，但微信群的定向传播机制正体现着"去中心化"与"再中心化"的融合趋势。人类单纯利用网络彰显个性的时代渐渐过去，人类与网络的相互利用，为人们呈现出观察人类传播的新视角。

二、基于共同兴趣的族群传播的实证研究

（一）长期群组传播的特点

在互联网技术飞速发展的今天，人们的交流模式呈现以下两种常见模式：首先，现实生活与虚拟生活无缝连接，通信工具营造的虚拟空间逐渐被现实空间冲击，网络生活场景由封闭变得开放。其次，内容和时间碎片化。

当代生活节奏快，通信工具不再是工作之余的娱乐聊天工具，而是作为方便在任何时空都能讨论各种事宜、发布通知、完成交易的平台。微信群组传播也体现了这两大传播特点。基于实际生活的需要，有特定需求的人利用虚拟交流平台将自己的困惑或喜悦在群内分享，并得到来自群组其他成员或管理员所分享的内容，以帮助自己完善实际生活。群内的交流不再停留于交流心得，而是拥有一套完整的管理和监督体系，在特定时间发布内容，以便于人们在碎片化的时间里学习。群内线上或线下的活动也为人们的实际生活增添更丰富的体验。而在有些强制性活动之后的监督工作，更是帮助人们在实际生活中改善习惯，具有一定的教学意义。

来自清华大学、康奈尔大学、腾讯公司和香港科技大学的研究人员，采用"机器学习算法"对微信用户进行分析，并撰写了报告：The Lifecycle and Cascade of WeChat Social Messaging Groups。根据报告，截至2015年8月，微信用户数量为2亿多人，微信群为47万多个。每一天，新创建的微信群约有230万个，大约25%的微信信息，来自于群对话。报告还指出，以生命周期来划分，微信群被分为临时群和长期群。长期群往往拥有较大的规模，而临时群的规模往往在100人以内。临时群的建立在线上看似关系薄弱，经常在某个时刻突然停止信息互动，但是建立临时群的成员基本上都是线下的好友，为了完成某一特定的活动而建立起临时群。比起群组，这种群更像是"临时会话"，而即便是相对陌生的人建立起的临时群，也不可否认他们仍然会在线下发展友谊。只是，这种临时群不会推动微信群定向传播的发展，体现在人们的交流中仍是一种工具。长期群则具有一定的定向传播机制，人数众多也意味着人员构成的复杂。在现实生活中，各成员的地域也相隔较远，成员之间关系更为陌生，传播范围更广。上文提到这种定向传播群组可以将信息系统化地传播给用户，但在其发展过程中，仍体现出一些不足，长期群也面临着消亡的可能。由于管理不当、管理员在某一阶段没有余力经营群组内的活动或传播方式过于单一等因素，都可能会导致群成员的黏性下降。

（二）"有书共读"所体现的"再中心化"群组传播机制

"有书共读"群组就体现了这个特点。在不同的群组中，态度积极的管理员和成员往往造就黏性强、活跃度高的群，而只发布通知，不宣传活动，成员间由于陌生而缺乏信息互动的群往往面临着群组解散的可能性。针对特定人群的微信群虽然也有兴趣成分，但与实际生活关系较为紧密，群成员的需求不仅是交流分享，还得到更多的知识、参与更多的活动。因此，这类群组专业性更强，群活动更丰富，管理也更为严密。群成员与群管理员的互动要多于群成员之间的交流。

"有书共读"是比较具有代表性的案例。"有书共读"是北京万维之道信息技术有限公司开发的一款读书类APP。针对人群是爱好读书特别是有读书的愿望，却不知道读什么、怎么读和缺乏毅力的群体。"有书共读"的使用，分为三个维度，并在一开始的使用中按顺序分为三步，分别是：（1）微信公众号。关注公众号，除了会收到推送的"领读"、书单等内容，还会收到随机为新手推荐的微信群号。有书共读的使用者就是从加入公众号推荐的群开始的。（2）微信群。在加入微信群后，读者便开始了真正的读书计划，有群主带领，每个成员以发布读书心得的方式来进行相互监督，并在群中分享交流。（3）手机软件。"有书共读"的APP不是一款电子书软件，APP以时间为节点，每月都有书单，一周一本书，每天推送规定章节的"领读"内容。"领读"包括内容简介和一些感悟启发，激发读者兴趣。读者须每天签到，在读完书后可写读书笔记。

"有书共读"微信群，就是一种具有完整管理体系、监督机制的群。它的群内交流方式正是围绕一个中心，也就是群管理员的"圈子"传播。笔者通过自己在"有书共读"读书群的体验，描述其群组传播状态如下：读书群是以"组队读书+编号"的形式命名的，通过公众号的推荐而加群的人人数有限，管理员一直鼓励组员邀请自己的好友。满95人后，管理员组织大家自我介绍，组员人数众多，半天的时间之内，只有30余人进行了自我介绍。在组员进行加群、邀请、自我介绍的同时，管理员会插播接下来要做的事，以及勉励大家互相监督的公告。对于伪装进群发广告的用户，管理员会将其踢出，并告知群成员，鼓励大家揭发此种行为，承诺为大家维护良好的学习环境。在自我介绍环节中，群成员已相互了解，再加上管理员进行的紧凑的关系维护、鼓励、公告等行为，群组渐渐有了凝聚力。此后，就进入了真正的监督学习环节。群成员可以利用APP进行签到和领读，线下购买图书并在规定时间内读完，再按照要求向群里发布自己的200字读书心得。而在使用的过程中不难发现，提交心得和经常进行群内交流的人数并不多。从群组的成长来看，这似乎不是好现象。但从传播的角度来看，排除加入群后就选择屏蔽的非真正组员用户，经常进行交流和提交心得的人为仍在使用此群却比较沉默的大多数树立了榜样。配合管理员的日常管理，这些活跃用户自发地成为内容方面的领袖，是围绕在管理员这唯一中心点的"中心圈层"。这个"圈层"会及时地回应管理员，从而帮助该群提升凝聚力，使管理员的管理有效而不至于空喊口号，并向外辐射，影响边缘圈层的用户。管理员包括活跃用户便是"去中心化"的平台中，传播方式"再中心化"的体现。

"有书共读"体现了微信群由普通的兴趣交流，向拥有一系列管理机制、内容、监督机制等功能的实用型微信群逐渐演化的方向发展。微信群作为"聊天室"的一般辅助功能，也展现出了其专业化的一面。而这一变化，更是人们在新媒体时代人际交流和信息传播的一种变化。匿名、封闭的空间和平权的网络使用习惯逐渐被打破，实际生活的展现、寻求帮助以及对专业"大V"等意见领袖的需求正在重新构建网络生活场景。

结语

用宇宙来比喻，"去中心化"机制下的每个节点，即传播者，都具有高度自治的特征，仿佛宇宙中的不同星球，有着自己的生态。然而，即便有非常完整的生态体系，一个星球也不可能独立于其他星球生存下去。每个星球之间都有引力场，进行着相互作用。相互作用的众多星球围绕着一个中心星球运转形成星系，而浩瀚的宇宙正是由无数这样围绕一个中心运动的小星系组成的。建立在"去中心化"的基础上，"再中心化"的传播圈子就像是星系。在群组传播中，一定数量的成员围绕着核心成员展开活动，群组才能良性运转。以"再中心化"为核心的传播机制中，"去中心化"并没有被否定，群组传播在突出群组整体的专业性和规范性的同时，也不会掩盖每个人的个性，因为系统性不是由群主一个人建立的，而是由群成员依据不同的个性和不同的专长，通过分工共同维系出的知识传播体系。展望未来，在人类交流与传播的宇宙中，不仅存在群组内部结构组成与群内传播机制，还存在群组之间的合并、冲突、竞争和毁灭，就如同在宇宙中，黑洞将物质吞噬、星球相互碰撞而毁灭。群组传播所展现的不仅仅是人类传播方式由个体性到系统性的变化，群组传播的未来发展趋势，一定是更加开放、更加复杂的。

参考文献

[1] 郭庆光.传播学教程[M].北京：中国人民大学出版社,2011(2).

[2] 曹乃凡.关于微信群组传播的研究——以微信营销为例[J].新闻研究导刊,2015(5).

[3] 韦路,丁方舟.论新媒体时代的传播研究转型[J].浙江大学学报（人文社会科学版）,2013(5).

[4] 张瑜.移动互联网时代微信传播与新型人际传播模式探究[J].新闻知识,2014(2).

[5] 丁未.微信的圈子传播研究[J].湖南师范大学学报,2015(5).

基于"5W"模式探析社交媒体时代下的"反转新闻"

何圆圆*

摘　要：随着社交媒体时代的到来，信息的传播方式发生了新变化，呈现出新的特征。公众参与，以情绪传播为主导的新闻"反转剧"时有出现。本文先是对2013—2017年间发生的"反转新闻"事件做了简单的整理，然后用拉斯韦尔的5W模式对社交媒体时代下"反转新闻"产生的原因进行论述，最后结合所做的分析为媒体和公众提出自己的建议与看法。

关键词：社交媒体时代；反转新闻

2013年12月，新华网和《新华每日电讯》最先在网络媒体和纸媒中分别对当年的反转新闻进行了盘点和梳理，截至2016年，每年年末都有此类盘点发布，笔者对2013—2016年间，各机构组织和专业舆情分析团队盘点的"反转新闻"做了简单统计（如图1所示）。总体而言，我国"反转新闻"在数量上呈现持续上扬的态势，新闻发生数量每年都有所增长，2016年多达23件，是2014年和2015年数量的总和，如图1所示。

---

* 何圆圆，时为北京印刷学院硕士研究生。

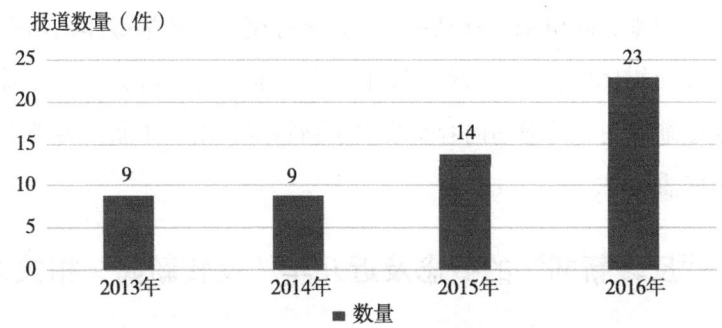

图1 2013—2016年"反转新闻"数量统计

一、社交媒体时代下5W要素的变化

随着媒介的产生和不断发展，人类社会的传播活动经历了几个发展阶段：语言传播时代、文字传播时代、印刷传播时代、电子传播时代、网络传播时代。无论是哪一个传播时代的哪一种传播形式，其过程都是由传播者、受众、信息、媒介、反馈这几个要素构成。

1948年，传播学奠基人哈罗德·拉斯韦尔发表《社会传播的结构与功能》，首次提出了构成传播过程的五种基本要素，并按照一定结构顺序将它们排列，形成了"5W"模式或"拉斯韦尔程式"过程模式。如图2所示，"5W"模式中的五个W分别是英语中五个疑问代词的第一个字母：Who（谁）、Says what（说什么）、In which channel（通过什么渠道）、To whom（向谁说）、With what effect（有什么效果）。从此，传播学开始展开了五个领域的研究，分别是控制分析、内容分析、媒介分析、受众分析和效果分析，如图2所示。

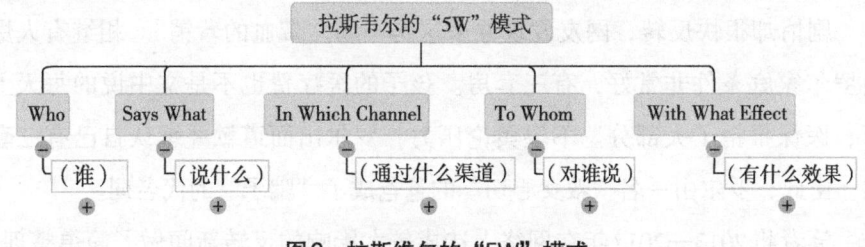

图2 拉斯维尔的"5W"模式

21世纪以来，随电脑、移动手机、Ipad等交互式传播媒体的出现，我们进入了"社交媒体时代"，传统的传播五大要素发生了新变化：传播者与受众的界限逐渐模糊、传播的内容呈现出了新特点、出现了新的传播平台、带来了新的传播效果。

二、"反转新闻"的概念及近几年"反转新闻"相关事例

随着社交媒体时代的到来，过去信息传播过程中的新闻五大要素在迅速地发生着新变化。基于这样一个大变革的传播时代，新闻领域也出现了新现象——"反转新闻"。那么什么是"反转新闻"呢？

（一）"反转新闻"的概念

"反转新闻"又称"新闻反转剧"或"逆转新闻"，指随着对事实地深入挖掘，真相不断浮现，新的新闻报道与之前的报道截然不同，公众的态度和舆论导向在短时间内发生多次逆转的新闻现象。

（二）近几年"反转新闻"相关事例列举

2016年11月末，一篇名为《罗一笑，你给我站住》的文章迅速占领很多人的朋友圈。深圳作家罗尔的5岁女儿罗一笑，被查出患有白血病，每天需要支付高额的医疗费。心急如焚的父亲没有选择公益捐款，而是选择"卖文"。这个故事感动了无数人，全国各地的网友通过各种方式，为这个悲伤的家庭进行捐赠，希望为他们送去温暖。

剧情却很快反转，网友发现原来这是一场"带血的营销"。相继有人爆料罗尔家庭条件非常好，有三套房。孩子的医疗费也不是文中说的每天上万，医保报销了大部分。不堪舆论压力，罗尔出面道歉并承认自己有三套房。由此，罗尔由一名"救女心切"的爸爸成了"骗子"的代名词。

笔者将2013—2017年在网络上造成较大影响的反转新闻做了简单整理，

如见表1所示。

表1　2013—2017年造成较大影响的"反转新闻"

年份	反转新闻事件
2013	①《新快报》的两根骨头；②大妈讹外国雷锋？③初中生应该被拘留吗？④唐慧案的一波三折；⑤叶海燕砍人事件；⑥抗拆英雄陈宝成；⑦银铛入狱的美籍人人；⑧夏俊峰并非正当防卫；⑨南周风波的穿帮；
2014	①医生手术台自拍事件；②8·10湖南湘潭产妇死亡事件——让全国人民学会"羊水栓塞"这个词；③大陆男童香港街头撒尿；④台湾餐厅陆童当众撒尿；⑤200余村民联名驱离8岁艾滋男童；⑥唐慧案；⑦浑水煮泡面；⑧骆驼四肢被砍成乞讨工具；
2015	①四川男子暴打女司机；②庆安枪击案；③男子开房就被抓；④"僵尸肉"是假新闻；⑤安徽大学生称扶老人被讹；⑥中国老人日本碰瓷；⑦派出所民警无人办公让群众等候；⑧26岁女子为救女孩被恶狗咬成重伤；⑨河南大学生掏鸟16只被判10年；⑩释永信释延鲁之战；
2016	①江苏女教师监考中猝死事件；②"上海女逃离江西农村"事件；③哈尔滨天价鱼事件；④东北农村"礼崩乐坏"报道；⑤城里媳妇怒掀桌事件；⑥河南"抹香香"：官员帮忙镜头未播被辞老师超生有4孩；⑦46万元/平方米学区房？⑧北大才女回乡送快递？⑨中国游客泰国铲虾事件；⑩男子借20万照顾植物人女友实为家暴所致；⑪大妈"碰瓷"玩具车报道事件；⑫最强大脑选手破案？⑬西班牙华侨舍弃亿万家产与浙江农妇结婚；⑭肾丢失？肾萎缩；⑮陕西唐陵石人石马被"洗澡"⑯被拐儿童遭铁笼囚禁？⑰重庆"嫖娼"被"电击和殴打"；⑱大陆赠台大熊猫团团得犬瘟死亡；⑲"偷鸡腿妈妈"事件；⑳民警手铐骑车女子；㉑山东产妇"纱布门"事件；㉒火爆网络的"罗一笑事件"；
2017	①南锣书店朴道草堂上演苦情戏；②深圳四胞胎事件；③大学生怒踹熊孩子；④12岁女生地铁被两名老师强奸；⑤因出不起彩礼跳河自杀？⑥大妈地铁怒怼cosplay女孩？⑦小学生自带桌板地铁赶作业？⑧榆林孕妇坠楼事件；⑨"北京红黄蓝幼儿园有军人猥亵儿童"；⑩周鸿祎和92年女生互怼"黑公关"事件；⑪14岁神童签约麻省理工？

三、社交媒体时代下"反转新闻"的成因分析

"反转新闻"的出现，一方面影响着网民对于客观世界的正确认识；另一方面，这种舆论不断反转的现象也在某种程度上对传媒的公信力造成了贬损，进而阻碍传媒的健康发展。因此，笔者认为探究新闻反转事件产生的原因是有效避免新闻反转事件并提出合理性防范建议的重要前提。

（一）Who 和 To Whom——传受一体："Gate Keeper" 缺失

在这个人人都有麦克风的时代，传播主体变得多元化，每一个个体都可以成为信息生产者和传播者。在很多反转新闻事件中，一方面，各方媒体在没有全面获取信息来源的情况下，只把自己掌握的一部分资讯进行发布，刺激公众着情绪；另一方面，从网民反馈的舆论来看，随着信息的披露，舆论在赞成和贬损间来回倒戈。传统媒体时代，由于信息的巨量性和传播渠道有限性之间的矛盾，产生了对新闻信息进行把关的需求。在社交媒体时代，面对海量的信息，传播渠道也层出不穷，这就造成了传统意义上的把关人的功能缺失，使得人们难有精力去取证辨别来自UGC内容信息的真实性。缺少了"Gate Keeper"这一重要环节，造成了"公说公有理，婆说婆有理"的局面，导致舆情反转现象出现。如陕西榆林待产孕妇事件就是如此。2017年8月31日20时，陕西榆林一名待产孕妇从楼上坠下身亡。9月3日，榆林市第一医院官方微博发布情况说明：医院三次建议剖腹产均被家属拒绝。此报道瞬间引发网友对孕妇家属"执意顺产"的声讨。9月5日，孕妇马某的丈夫在接受媒体采访时回应：曾两次主动提出剖腹产，而医生认为即将要顺产，不能进行剖腹产。随即，网络舆论出现反转趋势，认为医院事先发声是"急于推脱"责任。9月6日凌晨，医院公布了相关监控视频截图、医疗纪录和马女士的委托授权书，并称马女士曾两次下跪，家属拒绝沟通。坠楼孕妇家属针对声明再度回应：监控中不是下跪，是由于疼痛难忍产妇下蹲。此后，事件陷入罗生门。可以看出，在这起事件当中，先是由医院官方微博发布消息，接着相关媒体开始介入，传者不再是传统媒体中的权威"把关人"，而是事件的参与者。

（二）Says What——传播内容：碎片化

在社交媒体时代，网络传播者不再是传统意义上的"把关人"，信息来源的多元化再加上新闻时效性的问题，使"自媒体先发声，传统媒体再跟进"的模式成为新闻信息传播的一种新方式。为了让信息快速被受众"吸收"，网络传播者将各种信息不断分解成"颗粒"，使得原本需要深度持续性关注的事实性信息以简单的、片段性的方式开始了"碎片化"的传播。

在多起反转新闻事件中，事件的发展过程往往像挤牙膏一般慢慢呈现在大众面前。不同的信息来源，造成事实由众多信息"拼贴"而成，这种碎片化传播常常造成新闻线索不足，如果事件主体再刻意隐瞒事情真相，受众就很难看清新闻事实的全貌。随着碎片化的信息被挖掘出来，新闻可能呈现拐点式的反转。

（三）In Which Channel——传播平台：社群化媒体

在社交媒体时代被动的收听者现在已经成为发布者、记录者和传播者。这种受众角色的转变得益于两大社交媒体平台的崛起——微博和微信。

近年来的反转新闻事件有不少都是通过微博平台进行传播的。如2014年12月21日，网友"当维美不再唯美"通过微博发出西安一家医院的医生在手术台上玩自拍的组图，此微博一出，广大网友就"医患关系""职业道德"等话题展开讨论，对当事人进行抨击，"手术台自拍"就此被推上热门话题。2015年10月，名为"@小小小力SAMA"的网友在其新浪微博上发布了一则贴在日本某地区店铺的告示，大意是：中国老人在日本摔倒，日本人扶起后反而被讹了十万日元。此微博一经发布，随即在网络上引起轩然大波。2017年7月4日晚上8点多，一个名叫@白衣天使茉莉花的网民发布的一个"申冤"的微博，并瞬间引爆了中国的网络……

微博平台的裂变传播速度之快，范围之广，为广大网民使用微博这一平台进行自我传播提供了便利。再加上"物以类聚，人以群分"的价值观的引导，使得人们基于自己的兴趣爱好等需求组成了不同的社区和群体。从历年的"反转新闻"的源头可以看出，人们出于向社会寻求帮助或者个人发泄情绪的需要，往往依赖于"集传播优势于一身"的微博平台来进行信息的发布和传递。这种情况下，从个体发声，到关系互动所形成的社群网络传播，逐渐扩展到更大的范围。没有传统意义上的"把关人"把关，再加上社群力量所形成的群体情感和群体压力左右着个人的判断与思考，引导着舆论走向，为"反转新闻"的出现埋下隐患。

（四）With What Effect——传播效果：刻板印象

1922年，美国新闻评论家和作家沃尔特·李普曼在其著作《公共舆论》中首次提出"刻板印象"这一术语，它是指按照性别、种族、年龄或职业等进行社会分类，形成的关于某类人的固定印象，普遍认为它与某些特征和行为相联系。

在社交媒体日益发达的当今时代，人们过度依赖移动社交媒体的行为也带来了一些负面影响，那就是使人们对某些问题产生刻板印象。就反转新闻来说，一些事件的产生就是由于刻板印象的影响才造成的。如对于师生关系、医患关系、贫富分化、政府公信力下降等问题的刻板印象，使一些受众在遇到这类问题时便将个人的价值观或社会规范凌驾于对新闻事件的理性判断之上，忽视了新闻的真实面貌，由此造成了新闻反转。即便事件被"反转"过来，"刻板印象"在一定程度上被消除，一些公众还可能带着某种特定的情绪去偏信自己所认同的面向。

2017年的"反转新闻"中，一些所谓的"刻板印象"使人们酝酿已久的情绪好像找到了宣泄的通道，从而引发盲目的憎恶情绪，使受众暂时失去了发现真相的机会。

四、对社交媒体时代"反转新闻"的思考

通过以上的分析发现，在社交媒体时代，传受一体化的传播趋势弱化了传统媒体中"把关人"作用；海量的信息使得媒体倾向于"碎片化传播"、受众倾向于"碎片化阅读"，再加上随着微博微信两大社交媒体平台的出

现，社群力量开始兴起，人云亦云的现象逐渐明显；人们的"刻板印象"会影响人们的认知。基于此，笔者认为，要减少新闻反转事件的发生，需媒体和公众做出共同努力。

（一）媒体

第一，强化"把关人"意识。媒体不光承担着职业责任，更承担着社会责任，需要强化自己的"把关人"意识。社交媒体时代的媒体应该在经济效益与社会效益之间寻求一个平衡点。一方面，以做产品的心态来做内容，为用户提供最好的信息服务；另一方面，还应该加强对用户注意力的引导，以适应社会化媒体传播的方式提供客观报道，培养公民的理性意识。最好的方式，是将"你想知道的"和"你应该知道的"两类信息相结合，既符合受众接受旨趣，又能潜移默化地对议程和态度进行引导，从而达到净化传播环境的目的。

第二，向解释性报道与深度报道倾斜。在信息消费越来越快餐化的今天，传统媒体从业者更应意识到解释性报道和深度报道的独特价值。扎实的背景与历史材料、数据的采集与分析、可视化呈现方式的使用，都能在很大程度上增加事实的承重性。在社交媒体时代，这些途径带给读者们的不仅是真相的叠加，更是通过专业化生产方式，唤起受众对于传统媒体新闻生产者权威的认知和认可。

（二）公众

随着UGC的兴起，用户从媒介使用者到媒介参与者，"人人都有麦克风"，但并不是人人都可以成为一名合格的记者。公众在享受知情权的同时也应该加强自身媒介素养，自觉承担起责任；养成理性思考的习惯，克服定势思维和刻板模式，避免被极端情绪裹挟；严格自律的同时也要注意监督其他公众的言论，更加客观理性地传播新闻事实。

总之，在社交媒体时代，随传媒环境的变化，反转新闻时有发生。按拉斯韦尔的5W理论，信息传播过程中的传播者、受众、信息、媒介、效果这几个要素的变化都会对反转新闻事件的发生产生一定的影响。要营造一个健康文明的信息传播环境，避免或减少"反转新闻"的出现，需要媒体和公众共同努力。

参考文献

[1] 李羽佳.传播学视域下"反转新闻"现象研究[D].内蒙古大学,2017.

[2] 哈罗德·拉斯韦尔.社会传播的结构与功能[M].何道宽译,北京:中国传媒大学出版社,2012-12.

[3] M·E·麦库姆斯,唐纳德·肖.大众传播的议程设置功能[J].舆论季刊,1972年.

[4] 丹尼斯·麦奎尔.麦奎尔大众传播理论[M].崔保国主译,北京:清华大学出版社,2010.

[5]]沃尔特·李普曼.公众舆论[M].上海人民出版社,2006.

[6] 王建强.传播学原来这么有趣[M].化学工业出版社,2016-5.

[7] 安景璐.后真相时代对网络"反转新闻"的思考[J].新媒体研究,2017,3(21):1-3.

[8] 高翔,旷宗仁.新闻反转事件的产生模式及原因[J].青年记者,2016(33):54-55.

[9] 唐婷婷.社交媒体时代信息的碎片化传播[J].新闻前哨,2015(05):71-78.

[10] 刘宇轩,巢乃鹏.后真相时代的受众心理与媒体策略[J].青年记者,2017(16):15-17.

[11] 开薪悦,孙龙飞."后真相"时代里的"新闻反转剧"——对新媒体环境下舆论的再思考[J].上饶师范学院学报.

浅谈新媒体环境下的传媒新格局

邓秋黄[*]

摘　要：伴随着时代进步与科学发展，新技术的不断创新与发明，新媒体方兴未艾、后来居上，成为越来越重要的力量。传统传播思维被颠覆，传统媒体在某种程度上已被边缘化。新媒体催生出新的传播媒体及新的传播形态，使媒体格局更加焕然一新。

关键词：新媒体；传媒格局；媒介融合

一、新媒体概述

（一）新媒体概念

在当今社会，新媒体这个概念已经深入人心，但对于新媒体的界定，专家们可谓众说纷纭，至今没有统一定论。一些传播学期刊上设有"新媒体"专栏，但其刊载文章的研究对象种类繁多，包括数字电视、移动电视、手机媒体等，还有一些刊物把博客、播客等内容也列入了新媒体专栏。

新传媒产业联盟秘书长王斌认为："新媒体是以数字信息技术为基础，以互动传播为特点、具有创新形态的媒体。"

---

[*] 邓秋黄，时为北京印刷学院硕士研究生。

美国《连线》杂志对新媒体的定义："所有人对所有人的传播。"

联合国教科文组织对新媒体下的结论："以数字技术为基础，以网络为载体进行信息传播的媒介。"

新媒体亦是一个宽泛的概念，利用数字技术、网络技术，通过互联网、宽带局域网、无线通信网、卫星等渠道，以及电脑、手机、数字电视机等终端，向用户提供信息和娱乐服务的传播形态。严格地说，新媒体应该被称为数字化新媒体。

新媒体的"新"是相对于传统媒体而言，是在报刊、广播、电视和户外四大传统意义上的媒体之后发展起来的新的媒体形态，并被形象地称为"第五媒体"。它是利用数字技术、网络技术、移动技术，通过互联网、无线通信网、有线网络等渠道，以及电脑、手机、数字电视机等终端，向用户提供信息和娱乐的传播形态和媒体形态。[1]

（二）新媒体特征

1. 即时性

与电视、报纸等传统媒体相比，新媒体打破了时间限制，可以在任意时间加工发布。新媒体运用强大的数字化技术支撑，运用网页、移动客户端等方式呈现内容，可以轻松地实现24小时在线。新浪微博从2009年开发至今，月活跃用户达3.4亿，已超过Twitter，成为全球用户规模最大的独立社交媒体。其热门话题引起一波又一波的关注，其中一些令我们难忘的事件，更是在社会上引起了巨大轰动和极大反响。例如，MH370失联牵动国人心弦；天津塘沽大爆炸引发公众对消防员的敬畏；最新的杭州保姆纵火案令人痛心疾首等。用户通过微博热搜榜，系统以每分钟更新一次的频率掌握最新动态，并畅所欲言地提出自己观点，真正达到了"随时随地分享新鲜事"。

2. 交互性

新媒体交互性更强，独特的网络介质使信息传播者与接收者关系走向平等，由传统媒体的主导受众型，变为新媒体的受众主导型。传统媒体基本是单向传播，媒体处于强势地位，决定着受众接收什么样信息，用户很难进行信息反馈，用户体验弱。在新媒体环境下，信息的传输是双向的，甚至是多向的。每个用户都具有信息交流的控制权，公众可以主动选择接收的信息，不再单纯、被动地接收信息。新浪微博等新媒体技术，从根本上改变了用户的受众角色。受众既可以是信息的接受者也可以是信息传播者，任何人都可以是消息的来源，也可以对信息进行反馈、评论、补充和互动。在新浪微博上，不仅可以实时掌握关注的好友亲人的最新状态并评论，交流范围还可拓宽至从未谋面的陌生人，这将最大限度地发挥出用户的参与性和主动性，满足受众掌握话语权的需求，真正实现双向互动的信息交流。

3.共享性

以数字技术为代表，新型通信技术为基础的新媒体，其最大特点是打破了媒介间的壁垒，消融了媒体介质之间、地域之间、行政之间的边界。新媒体使媒体的影响力从局部区域延伸至全球范围，从新闻信息封锁转向开放的信息众筹，实现信息共享。

在全球联网、智能移动终端设备、多媒体融合应用、零成本及低成本、自媒体等众多的新型技术和应用基础上，新媒体天然具有跨越时空约束的能力。借助于智能终端设备、通信技术、新型应用，任何个体都可以变成新闻事件现场的第一报道者，将信息通过具有全球联网功能的公共信息平台迅速传播到全球。这一优势在新闻突发事件中尤为明显。以2015年发生的"巴黎恐怖袭击"为例，巴塔克兰音乐厅内百余人丧生，幸存者和惨案发生时附近的市民拍摄了事件发生的视频，"报道"了灾难现场的状况，人们无助地看着亲友在脸书上求救直至失联，劫后余生的人群在街头互相拥抱。中国的读者通过新浪微博实时掌握最新动态，这些文字、照片、视频很快进入各大电视网的新闻头条，在全球范围内迅速传播，全球人民的焦点都集中在了法国巴黎的那个不眠之夜并为之悲痛。世界各地如中国东方明珠塔、澳大利亚大剧院、英国伦敦电信塔、德国柏林勃兰登堡门等标志性地标建筑,纷纷亮起代表法国的红、白、蓝三色灯向巴黎遇难者致哀。

新媒体突破了国家、区域的边界,实现了国际传播的跨越时空、超越疆界,强化了国际传播的广度、深度和影响力。

4.海量性

新媒体表现形式多样,各种形式的表现过程丰富,可集文字、音频、画面于一体,做到即时、无限制地扩展内容,从而使内容变成"活物"。最新版本的新浪微博,传播范围由单调的文字、图片开始转向视频、直播。其新版"我的故事"更是可以让人们看到明星、红人、热门、旅游、体育和时尚等方面的视频。从理论上而言,只要满足技术条件,一个新媒体即可满足全世界的信息存续需要。

二、传媒新格局概述

(一)传媒格局概念

一般而言,"媒体格局"主要是指各种力量对比与组合的一种结构。因为发展上存在很大的不平衡,媒体之间各种力量对比与组合的结构总是处在一种不断变化的状态下。当这种变化达到一定程度之后,那么媒体相互之间的对比将会发生要素重组和序列变化,直至产生新的媒体结构。[2]

(二)发展趋势

从世界整体发展情况来看,传媒业从报纸"一枝独秀",到与广播共同发展,再到报纸、广播、电视和互联网"并驾齐驱",如今又迎来了"多种媒体共存"的全新状态。媒体格局总是在不断变化和进步,特别是以互联网为主体的新媒体出现后,使以往新媒体格局被彻底打破,形成了新媒体占主导的新格局。

三、新媒体下的传媒新格局

（一）传统媒体地位受到冲击

一直以来，传统媒介主要是以大众媒体为主体，而新媒体的数字化技术优势，使我们步入互联网时代。据《传媒蓝皮书：中国传媒产业发展报告（2015）》显示，互联网首次超过电视，成为第一广告媒体。互联网的产值占整个传媒产业产值的23.3%，远远超过电视17.3%。新浪微博、微信和网络视频用户的不断蹿升对传统媒体形成不小的挤压，一时间让传统媒体"透不过气来"[3]。

如今社会，在公交车、地铁、候机大厅等处于信息空闲和片段化的时间段，越来越多的人将目光全神贯注地投射在手机、iPad屏幕上，而翻阅报纸、杂志和书籍的人难寻踪迹。

（二）营销方式的转变

新媒体以其传达方式更为灵活快捷、能够无时无刻、无间隙地填补受众的视觉空闲、直接触及主流消费受众的优势得以快速发展。同时，传统媒体间愈发激烈的竞争使传统媒体开始在主流受众市场日渐衰退。以前，在央视新闻播出之后加播广告就能接触60%左右电视用户的时代已经一去不复返了。[4]如今一打开新浪微博APP，"迎面而来"的就是广告，刷新新的状态，也会有广告夹杂在关注的状态中。越来越多的商家选择将广告投放在新浪微博的"大V"、明星和知名网红上，如微博搞笑排行榜、杨幂、papi酱等，他们基本都拥有几千万的粉丝，具有大量的人气和关注度，具有一呼百应的架势。

从整个媒体格局来看，不管是哪一种媒体产生，哪一种媒体格局发生变化，都会受到大众和市场的影响，这符合当下互联网时代发展的趋势。营销效果是一个复杂的系统，目前，新媒体的营销方式还处于摸索起步阶段。虽然传统媒体在逐渐没落，但新媒体可以借鉴其丰富的经验，使新媒体营销方式实现最大的输出和收益。

（三）媒介融合新趋势

新媒体之所以得到迅猛的发展，其中一个非常重要的因素是在于其传播技术上对于其他媒体能够兼容，使自身具备多媒体性、虚拟性、超链接性及互动性特点。媒体受众开始向新媒体分化、转移。此外，由于数字内容的发展已成为必然趋势，未来媒体融合也是大势所趋，因此越来越多的报纸、杂志和电视台已经采用了线上线下多渠道发行的模式，并增开了官方新浪微博账号、微信公众号及订阅号。任何人在新浪微博上看到有趣好玩的段子、图片、视频，都可以通过社交平台软件分享给微信和QQ好友。在网易云音乐、QQ音乐、虾米音乐等音乐类平台上听到的优美旋律和好听的歌曲，听众也可以分享在新浪微博和微信朋友圈里，一传十、十传百，这种媒介大融合不断丰富着我们的生活。

任何事物发展的总趋势是前进的、上升的，而道路却是迂回的、曲折的，新媒体的发展也不例外。如今，新媒体生机勃勃、前途无量，但是取代传统媒体并非一蹴而就，新媒体要借鉴传统媒体丰富的经验，不断自我完善。2016年，习近平同志在党的新闻舆论工作座谈会上强调，随着形势发展，党的新闻舆论工作必须创新理念、内容、体裁、形式、方法、手段、业态、体制和机制，增强针对性和时效性；要适应分众化、差异化传播趋势，加快构建舆论引导新格局；要推动融合发展，主动借助新媒体传播优势。这些重要论述具有很强的创新性、针对性，对促进传统媒体和新媒体融合发展新格局具有重要的指导意义。

参考文献

[1] 百度百科[EB/LO].[2017-07-14].http://baike.baidu.com/link?url=Y309rv65pgNeOtnwbQi-

HIK2TTa6Ik3OEiWU63HIPnaVBzoAXzvL6UDW6PmoCDlL_
9XOdiY6SFe5Gw4muzJHAF6Ll9glrDFcl3kXIPegf1jT_HQB-fWkHAJf60m19Yz9K,

[2] 温玲英.新媒体环境下媒体格局的变化[J].中国传媒科技2012(4):37-38.

[3] 肖萌.融合新媒体 构建新格局[J].当代电视,2016(2):45-46.

[4] 杨伟庆.新媒体影响下的未来传媒格局[J].广告人,2007(1):155.

浅析新媒体环境下对"时事新闻"的版权保护

宋罗子秋[*]

摘　要： 新闻的传播形式正在新媒体的快速发展下不断转变，在这个过程中，传统媒体受到了新媒体极大的冲击，也因此引发了新闻资源竞争，让"内容为王"的传统媒体难以发展，引发了新闻从业者对新闻版权的争论。在这场没有硝烟的战场中，"时事新闻"的处境异常"难堪"。如今"时事新闻"已经不仅仅是以文字为主，而更多的是以图文并茂的形式呈现在公众面前。作为当前新闻报道的重要组成部分，"时事新闻"的版权保护是一个颇具争议的问题。本文试图结合《中华人民共和国著作权法》（以下简称《著作权法》）对"时事新闻"的相关解释，就"时事新闻"版权保护问题提出一些看法。

关键词： 新媒体新闻；"时事新闻"；版权保护

一、"时事新闻"版权保护现状

一般而言，时事和新闻是"时事新闻"的两个主要内容，"时事"一词被定义为"最近一段时间的国内外大事"；"新闻"则指"通过报纸、电台、广播、电视台等媒体途径所传播信息的一种称谓，是记录社会、传播信息、反映时代的一种文体"。[1]因此，一般意义上的"时事新闻"可以理解为报

---

[*] 宋罗子秋，时为北京印刷学院硕士研究生。

纸、电台、广播、电视台等媒体对最近一段时间的国内外大事所做的报道。显而易见，这种定义包含的范围很广。如果我们把这一定义界定为我国《著作权法》中"时事新闻"的定义，必然会引发因《著作权法》调整而导致许多"非时事新闻"作品受到保护，从而降低新闻工作者对高水平新闻创作的热情，甚至影响整个业界的健康和可持续发展。"时事新闻"在《著作权法》中的定义与我们一般所知晓的"时事新闻"的概念不能完全相同，《著作权法》应对"时事新闻"定义作明确的界定。

关于"时事新闻"概念范围，我国《中华人民共和国著作权法实施条例》（以下简称《著作权法实施条例》）中规定：" '时事新闻'是通过报纸、期刊、广播电台、电视台等媒体报道的单纯事实消息"，"时事新闻"的内涵应当由两部分构成：（1）"时事新闻"必须由报纸、期刊、广播电台、电视台等媒体报道；（2）"时事新闻"属于单纯事实消息。所以，由上文提到的各类媒体报道的单纯事实消息是不受《著作权法》保护的"时事新闻"，《著作权法实施条例》把单纯的事实信息与报纸、期刊、广播电台、电视台及其他形式的事实信息报告分开，没有什么实际意义。事实上，这种定义在新媒体时代受到了很大的冲击。由于新媒体时代的技术发展为新闻业提供了新的盈利模式与传播方式，新闻业已经摆脱了对传统媒体的大部分依赖，微博、微信与其他的多种移动数据终端异军突起，发展速度之快难以想象，而由传统媒体发布的"时事新闻"，由于不同的媒体载体，版权法对其的保护将完全不同。同时，著作权法只保护思想的表达，无论媒介是什么，只要是对简单事实的复现都不受保护。因此，在新媒体时代，这种限制已经显得有些多余。

二、"时事新闻"在著作权法中的问题

（一）对"单纯事实消息"这一概念界定模糊

《著作权法实施条例》对"时事新闻"的基本定义作了明确的解释，但

是没有对其中"单纯事实消息"这一最为重要的概念加以说明。

首先，单纯事实消息没有原创性，不能满足作品的原创性要求。作品具有独创性是获得《著作权法》保护的第一要素。虽然各国法律法规对作品独创性的判断标准不尽相同，但都对作品的独创性做出了要求，我国《著作权法实施条例》第二条规定：著作权法所称作品，是指文学、艺术和科学领域内具有独创性并能以某种有形形式复制的智力成果。[2]这是法律法规中对独创性的严格要求，从理论上来说，作品的独创性务必包括以下两个基本要素：①独立创作完成；②作品的诞生是作者创造性智力劳动的结果，显示了作者创作过程中的个性特征。而新闻从业人员在撰写"时事新闻"时，虽然付出了自身的劳动时间，但也仅仅只是对单纯事实消息的直接反映，不具有创造性智力劳动的特征。

其次，单纯事实信息反映的社会事件是独一无二的。单纯的事实信息与事件时间、地点、人物和原因等因素的简单结合，具有唯一性。如果只对这种方式的著作权加以规定，就会造成少数人对新闻来源的合法垄断，不利于社会的发展与进步。

最后，去除对单纯事实消息的著作权保护能够有效保障公众对社会事件的知情权。"时事新闻"传播的都是国内外最新的方针政策，以及社会近期发生的、产生重大影响的事件，这些信息与人民群众的日常生活息息相关，是公民保障自身权利的重要依托，因此，必须保障"时事新闻"迅速高效地传播。对单纯的事实信息保护其著作权无疑是对信息自由流通的遏制。

（二）法规定义的"时事新闻"范围没有明确包括摄影图片

然而，在当今现存的《著作权法》中都没有对"时事新闻"中的"摄影图片"进行保护，如今的新闻业高速发展，公众获取新闻的方法越来越多元化，"时事新闻"作为单纯的新闻事实报道，摄影图片的加入会让新闻更加生动，更加能增长受众对新闻的兴趣。

随着经济与摄影技术的不断发展，从业人员的专业素养不断提高，从提高"时事新闻"的可读性，使"时事新闻"的报道形式更加多元化等角度出发，当今"时事新闻"中的摄影图片的内容不仅仅是由人、地点和物品等元素简单构成。为增加新闻的可读性，新闻记者也许会在图片拍摄时添加作者原创的内容，比方说景深的选择、地点的择取、构图的技巧和新闻人物面部的特写等，特别是在文化和社会生活类的"时事新闻"摄影图片中，摄影师更注重用摄影来反映问题，让公众通过照片更好地了解事实。这部分图片在当下"时事新闻"中的数量是层出不穷的。这些"时事新闻"摄影图片应该不同于"时事新闻"的文字作品，这些图片应该受到《著作权法》的保护。

（三）法规与操作实践有一定距离

"时事新闻"的定义在法律学界被广泛认同的一种看法为"时事新闻"是由"5W"要素组成的新闻。但是一些新闻界人士认为，在实际的新闻实践中，"时事新闻"的定义几乎是不存在的。因此，法律法规的定义可能在某种意义上是背离了新闻运作方式，缺少实际操作性的。

三、新媒体环境下如何更好地进行"时事新闻"的著作权保护

（一）合理界定"时事新闻"的界限

"时事新闻"就像一堵高墙，存在于客观事实和新闻报道之间。遵从事实规律去界定"时事新闻"的界限既可以激励新闻工作人员的创作热情，推动新闻界媒介融合的脚步，也能帮助民众及时获取"时事新闻"。我国现行的《著作权法》对于"时事新闻"的界定不太清晰，不利于新闻从业者、法律工作者与民众多方权利义务的明确。未来，我们应该明确"时事新闻"的标准定义。其一，是以"单纯事实消息"的5W表示结构确定作品是否具有

独创性，消除所有属于原创作品的新闻；其二，对"时事新闻"进行公众认可的定义，消除所有不以纯粹文字表现的"时事新闻"，从内容及表现方式两方面确立其明确的判断标准，并落实到法律层面，从而为新闻事业的健康发展提供科学的法律保障。

（二）完善"时事新闻"中对摄影图片著作权的保护

《著作权法》第五条规定，"时事新闻"暂时不能得到法律的保护[3]，新媒体时代"时事新闻"表现方式的多元化，内容翔实且配有生动说明新闻图片的"时事新闻"已经成为一种新闻常态。在这个社会背景下，对于"时事新闻"中原创性较高的图片应当取得法律的有效庇护，可以把现行《著作权法》第五条中的第二款修改为："时事新闻"，但不包括其中的原创摄影作品。这就可以使"时事新闻"中的独创摄影作品受到法律的保护。

"时事新闻"中的摄影图片是否具有独创性是立法中的一个重点和难点。笔者认为，为了有一个权威的标准，应由中华人民共和国国家版权局出台关于如何定义新闻中摄影图片是否具有独创性的指导意见。指导意见，可以从拍摄的角度、摄影师的思想感情、镜头位置的选择、人物的捕捉等方面给予明确的指导，并可设立"时事新闻"摄影创意专家评审委员会，对复杂而困难的摄影图片进行识别，并给予指导。这样一来，不仅"时事新闻"中摄影图片的版权能够得到法律的保护，更可以增加新闻从业者的工作热情与创作积极性。

（三）完善现存法规中对"时事新闻"的分类

第一类是国家对民众宣传政治思想方针的"时事新闻"。我国是社会主义国家，媒体是党和政府的"喉舌"。新闻媒体在报道新闻的同时，必须肩负国家的宣传任务。因此，具有政治宣传性质的"时事新闻"应当排除在版权保护之外。

第二类是独创性较低的"时事新闻"，即"单纯事实消息"，可以不经作者许可，不向其付出酬劳，但是应当在文末或文首注明作者姓名与来源，而且严禁侵犯作者享有的其他合法权益。

  第三类是独创性较高的"时事新闻"。对于这类"时事新闻"，在取得作者本人授权后方可进行转载，应当向新闻作者支付酬劳并且须注明作者的姓名与出处。这类"时事新闻"对新闻作者的职业素养与创新能力的要求更高，《著作权法》应当对其进行严格的保护。

参考文献

[1] 刘庆,曾梦倩.数字时代时事新闻的界定与版权保护[J].中国出版,2015(3).

[2] 鲁忆山.新媒体环境下新闻作品著作权保护刍议——以报纸新闻为视角[J].科技与法律,2013(2).

[3] 张晟.时事新闻著作权保护问题初探[J].视听界,2007(6).

[4] 曹新明.论《中华人民共和国著作权法》第5条第2项之修改[J].法商研究,2012(4).

[5] 冯晓青.著作权法[M].北京:法律出版社,2010.

[6] 中国社会科学院语言研究所词典编辑室.现代汉语词典(第6版)[M].北京:商务印书馆,2012.

[7] 国务院.中华人民共和国著作权法实施条例[Z].2002-9-15.

社交媒体视角下的网络流行语研究
——以鹿晗"宣言体"为例

高祯蔓[1]

摘 要：网络流行语是在社交性媒体环境下，在社会的多元因素影响下诞生的，它集结了多种社会力量，并在一定程度上对社会产生了积极的构建作用。鹿晗的"宣言体"就是近段时间出现的网络流行语之一。本文以鹿晗"宣言体"为例，在介绍鹿晗"宣言体"的产生背景的基础上，分析了网络流行语的衍生、传播过程及理论依据，从正反两方面分析了网络流行语的作用。

关键词：网络流行语；社交媒体；鹿晗"宣言体"

一、背景

国庆小长假的最后一天，鹿晗突然在微博喊话关晓彤，大方公布恋情。此微博一经发布便在微博上快速转载并引起了广泛的关注。鹿晗在微博上发布的内容为：大家好，给大家介绍一下，这是我女朋友@关晓彤。此后网友纷纷对其进行恶搞，对其进行改编或是@自己喜欢的明星。自带流量相应的鹿晗当之无愧地登上了当天的头条。不仅如此，他的"宣言体"还被网友改编发布在多个平台上。打开微信朋友圈或是微博，许多微博"大V"和微信好友都以一种调侃娱乐的方式对鹿晗的话语进行了改编。鹿晗的"宣言体"一刻之间成为网络流行语，这不仅是因为自带光环的明星效应，还受到网民

---

[1] 高祯蔓，现为北京印刷学院硕士研究生。

的娱乐精神、情绪宣泄等因素的影响。我们对网络流行语并不陌生，从曾经的"我爸是李刚""犀利哥""凤姐"到今天的"厉害了我的国""活久见"等流行语，网络流行语以独特的话语形式对社会产生了作用，催生出了新的话语力量，对现实社会的文化交流和社会权利发展产生了重要影响。像鹿晗"宣言体"这样的网络流行语逐渐地融入到了我们的自然语系中，它不仅作为一种大众娱乐事件而存在，还代表了怀疑、否定、批判、重构的意思。

二、网络流行语的衍生、传播过程及理论依据

网络流行语是在社交性媒体环境下、在社会的多元因素影响下诞生的，它集结了多种社会力量，并在一定程度上对社会产生积极的构建作用。

（一）网络流行语的衍生和传播过程

流行语首先是一种以语言为载体的流行文化现象，由于一些时事热点或社会焦点问题而触发，网民发挥自己的智慧，创造或改编出一些内容和形式高度统一的，匠心独运的表达方式。这些由网民所创造并得到了其他网民的认可、接受并被高频使用，在一定时期内盛行于网上的字、词、句等就是网络流行语。流行必须以某种新鲜并且可以重复操作的事物样态或行为方式为载体，是一种无组织的、自愿的大众行为，并以社交化媒体为依托，在一种技术门槛消失、媒介过剩、由广播到窄播、由单向到互动、由受众分散到聚合的新的媒介环境下迅速传播。

网络流行语中的流行是在不同的社群层级上发生和传播的，在鹿晗宣言体事件中，第一层群体传播是粉丝效应，传播者以一种新奇，调侃的语气模仿鹿晗@自己的偶像，并迅速占领了微博；第二层群体是边缘群体，传播者以一种看客、娱乐性的态度在微信等社交媒体上对鹿晗宣言体进行改编，以一种幽默、开放的心理参与到这一娱乐事件中；第三层群体是部分主流媒体，传播者在报道中使用这一用词。但这种流行并不是长期的，而是具有一定规模的、周期性的大众传播过程，只是大众表达社会性心理诉求的一种手段。

（二）网络流行语衍生、传播的理论依据

一个新的网络流行语一旦产生，如其果足够贴切新意，表现力强，必然会被海量的网友疯狂复制。在网友的复制模仿中，它又会产生一系列的变体，然后经过时间淘洗，这些词语或去或留，其生命力的长短取决于其表现力和交际值的强弱等因素。那么，网络流行语之所以能够得以衍生与传播，从理论依据上看，它和解构主义、狂欢化和模因论理论有勾连之处。

1. 解构主义

解构主义兴起于20世纪60年代，是对解构主义的反叛。其终极目的和核心理论是叛逆话语霸权、质疑权威、挑战和结构精英。网络流行语本就是网民通过键盘敲打出来的文字，这些文字中，有的代表着怀疑、批判、反叛、玩味。在网络上，网友可以对社会上发生的任何事情发表自己的见解和观点，只要内容充实，形式优美，就可能被网友传播。2011年日本核泄漏事件后，食盐价格飙升，网友造出了词语："盐王爷"；因市场的调节，蒜和姜的价格下降，菜农利益受损，又出现了"蒜你贱""被姜军"这类的狂欢化语言。这是民众对通货膨胀，食品涨价等的讽刺。当然，网络流行语的解构不仅仅是怀疑、批判和否定，它也在建构，建构一个趋向合理、坦率、民主、和谐的新秩序，至少是充满对新秩序的向往和追求。在鹿晗发博后，其微博处于网络瘫痪状态，由此可以看出网友们对此事件的关注度已经超过了对公共事件的关注，也反映出粉丝文化所代表的青春期亚文化与主流文化"既并行又失联""既合作又抵抗"的客观现实。鹿晗的宣言发布后，粉丝们看到自己的偶像在社交媒体上当众@自己的女朋友，由此产生了心理失衡，然后纷纷以这种宣言体@鹿晗，进行恶搞，这又可以看出网友对娱乐事件的热情以及强烈的娱乐、调侃精神。

2. 狂欢化

狂欢化是苏联著名符号学家巴赫金的重要理论，他认为一切狂欢节式的

庆贺、礼仪、形式的总和就是狂欢式。在网络触角无处不在的今天，草根文化呈现出一场百花齐放的狂欢盛宴。生活在网络上的一些人，几乎每天都以网络为广场进行狂欢。某些网络流行语的衍生与传播过程就是解构精英和权威的狂欢化过程。这些网络流行语的狂欢化拥有狂欢节的基本特征，比如自由性、宣泄性、两面性等。在鹿晗宣言体事件中，一些网民的表现正是符合了巴赫金"狂欢"理论中的四个范畴：一是随便而又亲昵的接触和距离感消失；二是插科打诨；三是俯就；四是粗鄙。网友们用恶搞的语言对鹿晗宣言体进行改编，纷纷以这一形式@自己喜欢的明星，微博"大V"、部分主流媒体也加入到了狂欢的阵营中，向受众示好，共同狂欢。

3.模因论

英国著名演化生物学家道金斯1976年在《自私的基因》一书中提出了模因论这个概念。道金斯认为：一个模因想要得到成功的复制和传播，必须具备以下三个特点：第一是长寿性，指的是模因必须在口头或书面流传的时间很长；第二是多产性，指的是成功的模因必须保证自己不断得到复制；第三是复制忠诚性，指的是成功的模因在复制过程中必须保留原有模因的核心或精髓。社交性媒体的出现，使这种批量复制、大范围传播成为可能，由此创造了新的文化形式，形成了新的社会群体，从而影响着社会形态的整体变化。鹿晗宣言体因其娱乐属性，引起他的粉丝的大量关注，这些粉丝以一种泄愤的心态@自己的偶像，这种不断的批量复制首先在微博上爆发。另外，一些有才的网友对鹿晗宣言体在保留形式的基础上，对其进行改编，进行调侃，新一轮的复制又相继在其他社交媒体上进行。经过一轮又一轮的模因复制，鹿晗宣言体成为一种在网络上的流行语。

按照模因理论，网络上的字、词、短语、句子、段落乃至篇章都可以成为模因，被网民复制传播。当然，模因有好有坏，传播的能量有正有负，优秀的强势模因会淘汰低劣的弱势模因。

三、社交媒体下网络流行语的作用

网络流行语作为一种流行文化现象，既有积极的作用，又有消极的作用。

（一）满足不同的文化需求

社交媒体指依靠Web2.0技术发展起来的，允许互联网用户撰写、评价、相互沟通的网站、技术和平台，主要包括微博、微信、社交网站等。微博是基于用户关系的信息分享、传播以及获取平台。用户可以通过手机、电脑等各种通信和互联网终端，方便地组建个人社区并实现个人分享。鹿晗的宣言体事件首先是在微博上爆发的，微博的信息生产即时性、信息内容的碎片化、生产主体的多元化、信息来源的多样性、信息传播的公开化、信息互动的即时性还有平台的弱审查和去把关化为网络流行语的产生提供了条件。又因为微博具有否定权威、去中心化等文化特点，网民在微博上可以畅所欲言，体现自己的个体价值。同时一些网络流行语也反映了网民浮躁、宣泄、模仿等心态。随社交媒体的出现，人们的生活越来越碎片化，文化需求也各不相同。社会发展进程的加快使人们对文化的多样性需求越来越高，而经济及社会的分层现象，又导致不同的群体有了不同的文化身份认同偏好。因此可以说网络流行语文化满足了公众的多元文化诉求，在公众的不同需求中得到传播，是社交媒体时代新型的群体表达方式。鹿晗宣言体事件是娱乐性事件，再加上鹿晗本身就具有强大的粉丝效应，在这个娱乐至上的环境下，人们对八卦、明星抱有一种窥探、好奇的心理。这种娱乐性事件更能满足人们的娱乐心理，具有有社会解压阀的作用。虽然娱乐性事件会消解公共事件的地位，但在一定程度上也满足了人们的部分文化需求。

（二）创造别具一格的流行文化

伯明翰学派的威廉·雷蒙斯认为，文化是作为一种生活方式而存在的，因为它是普通的、平常的，大众文化更是一种"民有、民享、为民喜闻乐见"的文化形式。那么，作为"民有、民享、为民喜闻乐见"的文化，就意味着每个人都可以平等地参与生产与消费。文化是一种生活方式，说明它能够反映和表达公众的生活状态。在鹿晗宣言体事件中，因为社交媒体的便利性、快传播性等特点，网民们自主地参与到了文化的生产与消费中，对句式进行改编、恶搞，创造了别具一格的流行文化。这种流行文化也间接反映了人们对娱乐的高关注度，在这种环境下，网民们能够更畅快地消遣，以一种我是创作者，参与者的心态参与到事件的进程中。

（三）使人们的价值观产生错位

作为一种流行文化，网络流行语或反映或背离或挑战了社会主流价值观，有些网络流行语的衍生、传播过程会使人们沉浸在娱乐中，其认知、心理、行为等受到媒介价值观的影响，结果造成过于追求个性化精神文化而对公共事务漠不关心。通过鹿晗宣言体这一事件可以看出，人们对娱乐事件的关注度是非常高的，人们沉浸在这种娱乐的狂欢中，对生活的不满通过娱乐来宣泄。为与受众产生共鸣，追求市场效应，一些企业又把鹿晗宣言体形式当成了他们的广告台词。凡此种种，都会潜移默化地影响人们的价值观。

参考文献

[1] 冯·戴伊克.话语心理社会[M].施旭译.中华书局,1993.

[2] 鲍尔德温.文化研究导论[M].高等教育出版社,2004.

[3] 王一川.大众文化导论[M].高等教育出版社,2004.

[4] 李迅.模因文化与网络流行语[J].新闻知识,2013,2:68-70.

[5] 和磊.伯明翰学派：文化研究的源流与方法[M].北京大学出版社,2016.

[6] 何自然.语言中的模因[J].语言科学,2005.

浅谈手机视频新闻的内容构成和表达视角

陈襄茗*

摘　要：随着信息科学技术和大众化媒体的出现与发展，以手机为移动终端的大众传媒平台成为继报纸、广播、电视和网络之后的第五大媒体。传统的新闻生产模式也发生了巨大的变化，出现了多媒体融合的方式，具体分为：文字新闻，视频新闻，图片组合新闻，图片文字组合新闻，视频、文字组合新闻，以及图片视频文字组合新闻等。

据百度百科介绍，所谓"公民新闻"是"公民（非专业新闻传播者）通过大众媒体、个人通信工具，向社会发布自己在特殊时空中得到或掌握的新近发生的特殊的、重要的信息"或者说是"来自业余新闻工作者的第一手新闻报道"。而手机视频新闻作为公民新闻的一个重要组成部分和表现形式，其本质是通过广大群众的个人力量，对社会机构进行监督、对弱势群体权益实施有效保障的一种民间形式。在以手机为主的移送终端上，新闻内容获取十分便利，且素材丰富、视听兼备、现场感和感染力强，这些特点受到了新闻用户的极大关注。

关键词：手机视频新闻；创新；公众本位

---

* 陈襄茗,时为北京印刷学院本科生。

一、手机视频新闻出现的原因

2012年8月26日,陕西省延安市发生"8·26"陕西延安特大交通事故,陕西省第十二届纪委委员、省安监局党组书记、局长杨达才赶赴事故现场。在延安车祸现场,杨达才面带微笑,引发网友不满,杨达才深陷"微笑门"。此后,杨达才被网友"人肉"出在不同场合先后佩戴五块不同品牌款式的名表。网友继续发动"人肉"攻势,又为杨达才找出六块名表,总价值超过20万元人民币。自此,杨达才继"微笑门"后又陷入了"表叔"事件。而在这件反腐事件中,起到主要作用的就是广大的网友群体,公众的力量在现代化建设中发挥着越来越重要的作用。

(一)技术背景

在网络快速发展的大背景下,网友的力量已经不容小觑。2005年,我国视频网站兴起,手机新闻的拍客群体利用移动终端拍摄视频,记录生活已经逐渐趋于一种自觉行为,虽然在一定程度上对传统新闻业造成了市场冲击,且这种新闻记录方式作为一种新生事物,必然伴随着诸多不成熟、不完备之处,甚至个别时候有可能对社会和个人造成危害,但是笔者认为我们应当以发展的、开放的、包容的眼光看待这一新生事物。

智能手机作为一种普及率极高的通信工具,其方便、普及的特性为公众搜集、发布新闻提供了技术条件,也为手机视频新闻的出现提供了必要的技术支持。正如麦克卢汉"媒介即信息"的观念所认为的那样,媒介本身才是真正有意义的信息,一个时代真正有价值的不是信息的内容,而是产生信息的工具。人类有了某种媒介才可能从事与之相应的传播或其他社会活动,因此真正有意义的信息不是各个时代的传播内容,而是这个时代所使用的传播工具的性质,以及它所带来的可能性和造成的社会后果。如果说把媒介看作社会发展的动力,那么以手机为代表的移动终端对于公民新闻而言无疑起到了根本性的推动作用。

(二)"镜中我"及"使用与满足"

受众的"使用与满足"是一种从受众的心理动机和心理需求出发,结合心理学和社会学相关知识,对人们为获得满足而使用媒介进行解释的传媒理论。它明确提出了受众接受媒介的社会原因和心理动机这两个维度。这种理论将"目的论"置于人们的媒介使用行为中,认为人是基于某种需求动机才使用媒介的。

在网络环境中,人的自主性得到了极大的发挥,不仅每个人都是传播者,而且每个人的传播目的也不尽相同。然而,在手机新闻的传播过程中,人们通过分享与评论来实现信息的即时互动。在某种程度上,通过发表自己的见解在媒介与受众互动中创造了"舆论领袖",这些"舆论领袖"还会把自己对于新闻的见解附加在分享过程当中。库利在他的《镜中我》中曾言道:"人的自我是通过与他人的相互作用形成的……这种联系包括三个方面。第一,关于他人如何'认识'自己的想象;第二,关于别人如何'评价'自己的想象;第三,自己对他人的这些'认识'或'评价'的情感。"人们在网络平台上寻找志同道合之人,任何一种文化现象都能得到相应人群的回应,从而使自己获得心理上的被认可的满足和愉悦。于是,在手机网络如此发达的今天,人们的这种心理为手机视频新闻的出现提供了"催化剂"。

有研究者指出,网站编辑的把关受包容性媒介倾向的影响[1],个体传播内容更加自主,传播者更加多元,生产和创作更加开放和自由,并且带来了前所未有的媒体文化语境。与此同时,人们表达话语权的愿望借助这样一个平台得以实现,这种精神现象和氛围成为手机视频新闻出现的重要文化背景。

(三)社会背景

除此之外,公民新闻的源起与社会转型的动荡背景息息相关,公众对传统媒体的新闻报道不满意,一些时代的敏感问题在媒体上不能得到重视,而公民个人录制、发布的视频大多聚焦于人们十分关注且乐于传播分享的题材。公民视频新闻作为一种反应迅速、表现灵活的新闻形态，除了能在第一时间做出反应，还因技术传播手段的进步而能够在最快的时间发布于网络，体现了新闻的即时优势；最重要的是，它还是一种影像依据，证明事实的确实发生和存在，并对以后可能形成或带来的社会后果提供可靠的凭证。这是其与文字形式的公民新闻最大的不同之处[2]。具体来说，手机视频新闻在一定程度上是弱势群体的话语代表和对底层民意的反映，它为民众的知情权、参与权、表达权和监督权提供了进一步的保障。

二、手机视频新闻的内容分析

（一）构成元素

从手机视频新闻的构成元素来看，主要是由音频符号和视频符号构成的。其中，音频符号包括现场声、人物说话声、主持人解说、画外音、背景音乐、特殊音效；视频符号主要包括拍摄的连续运动的图像、字幕、静止图片和插入的外来视频。可以说，除了在专业性上稍逊一筹，手机视频新闻在必要元素的构成上与传统电视新闻的报道相差无几。但是，公众可以通过网络自由地对手机视频新闻进行点评、转发和留言，这是手机视频新闻与传统视频新闻最大的区别。仁者见仁、智者见智，每个人都可以对新闻进行带有个人偏好的解读，形成不同的视角和观点，手机视频新闻在一定程度上解放了言语上的限制让个人观点能够展现在其他网友面前，并以此不断充实、壮大原有的信息量。

虽然手机视频新闻在制作上存在着许多问题，如拍摄质量较差、拍摄内容片段化等，但是并不意味着这种新生的新闻形式没有任何深刻性和完整性可言。随着手机视频新闻的不断发展，传播范围和影响随之扩大，网络上出现了越来越多的连续报道、系列报道甚至深度报道，有的还带有专业的新闻评论。精品手机视频新闻的出现无疑预示着其未来发展的开阔前景。

优酷的拍客糟糠宝宝，曾做了一组关于南京英雄公交司机的连续跟踪报道——2009年11月19日14时50分左右，南京路一辆46路公交车司机谢师傅突发怪病，昏迷前将车安全停靠在路边，一车乘客安然无恙，司机随后被紧急送往医院救治。各电视媒体纷纷报道了这则消息，糟糠宝宝也是一路追踪整个事件发展过程，并展现了各方人员在整个救治行动中的表现。由于此事引起了社会各界的强烈反响，该视频在优酷网上也被推荐至首页。随后，糟糠宝宝又连续做了三期跟踪报道。自此，糟糠宝宝名声大噪，至2017年，其在优酷上的个人自频道视频播放量已累计1.7亿次。"外滩老人""最帅上海交警"等广为人知的优秀视频新闻均出自其手。其中，上海交警的视频短短几天内就有100多万播放量和近万条的评论。

这就是一个典型案例，该系列报道不仅做到了在时间和事件发展进程上的紧密衔接，而且能够从不同角度剖析新闻事件，可以说是一则非常经典的手机视频新闻。类似的深度报道在公众拍摄的手机视频新闻中屡见不鲜，它们极具思想性，不缺乏专业性，虽然相对整体数量而言依然是少数，但已经造成了较强的传播效果和社会影响力。

（二）内容元素

从手机视频新闻的内容元素来看，它题材广泛，包罗万象。从餐厅里的食品卫生到雾霾天气下的生存环境，从温州动车事故、广东乌坎事件到曝光"钉子户"、曝光官员腐败，新闻题材跨度较大。手机视频新闻为传统媒体提供了更多的新闻资源，为政府了解民意、体察民情增加了一个新的渠道。因此，手机视频新闻所关注的主题以突发事件和公共监督类视频居多。

当下，公众的关注点已经更多地投入到社会民生和公共领域的各个方面，对真相的渴求不断增强，并且表达自身情感倾向和价值思考的欲望日益强烈。手机视频新闻拍摄者以超越普通民众的社会责任意识自发地关注下层群体，揭露社会问题，并希望得到更多公众的反响鸣、认同与支持。有的时候，当第一现场材料缺失，事件的亲历者、知情者和目击者所表达的内容和观点会极大地影响人们对新闻真相的判断和认知。在传统的新闻传播模式下，传播的话语权和控制权掌握在传统媒体手中，随着大众民主意识和自由平等精神的发展，变更传统新闻传播模式，吸收新形式成为必然发展趋势。

三、手机视频新闻的表达视角

如上文所述，由于手机视频新闻的制作者多是人民群众，在话语的呈现上必然伴随着这一群体的群体属性、视角，以及他们的价值诉求。由于条件的限制，他们的拍摄对象多为普通人，其报道视角和主观态度是平行的，报道情感上是偏向自身群体的，对弱势群体有天然的关怀。

对社会不公的揭露和对公共生活的监督也是手机视频新闻的热门选题。手机视频新闻的录制者以普通公民群众为主体，在视频内容和情感导向上，也侧重于对黑暗的揭发和情绪的释放。

比如"7·23甬温线特别重大铁路交通事故"，该事故就是网友首先拍摄发布在微博上，经网友率先曝光后引发了强烈的舆论反响。经有关部门调查处理，铁道部原部长刘志军、原副总工程师兼运输局原局长张曙光等54名事故责任人员受到严肃处理。2013年11月6日，太原市迎泽大街迎泽桥东发生一起连环爆炸案件，网友在第一时间拍摄现场视频，在各大社交平台和视频网站上发布自己所掌握的现场资料，广为传播。

但是，正因为舆论对人们的生活产生了议程设置的效果，即传播媒介以赋予各种社会议题不同程度"显著性"的方式，影响着公众瞩目的焦点和对社会环境的认知，影响人们对大事的判断，所以无论是正面的舆论监督，抑或反面的舆论监督，"草根"视频新闻虽然可以帮助公众了解政府事务、社会事务和一切涉及公共利益的事务，但必须使其沿着法制和社会生活公共准则的方向运作。手机视频新闻的制作者正是通过行使舆论监督的权利,实现推动社会发展、监督社会环境的功能。

四、手机视频新闻的管控及其发展走向探析

手机视频新闻的制作与传播不仅体现了我国宪法所倡导的自由、民主、法制精神,同时也是对新闻自由的实践与深化。它既符合民主政治的发展需要,也符合构建和谐社会的需要。但需要注意的是,从法律层面来看,公民表达自由既受到法律保护,同时也受到法律制约。对手机视频新闻来说,要求视频制作者有严格的自我要求、自我反省和过硬的媒介素养,能够坚持反映真实的信息,不散播不当言论,在民主自由和法律制度之间寻求平衡。虽然镜头不会说谎,但是镜头的选取却由拍摄主体的价值取向决定。拍摄角度的选择,拍摄范围的限定,采访人物的选择,也都可以"刻意的表达"出特定的观点。作为民意表达的一种公开渠道,手机视频新闻应力争成为推动和谐社会构建的强大力量,成为主流舆论的有益补充,能够代表民众真实、理性的声音,这样才能使公民视频新闻的生命力愈发旺盛。

目前,视频网站上流传的手机视频新闻越来越多地被传统电视媒体采用,一方面这能够成为传统新闻传播框架里的有力补充,另一方面它与传统媒体在新闻内容和传播形式上的融合也会进一步加深。有学者预测,手机视频新闻将客观上成为主流舆论的例证、事实构成或言论表达的一个组成部分。反过来这也要求手机视频新闻本身能够不断实现突破,改变粗制滥造的情况,提高视频质量,这不仅对"公民记者"提出了新的要求,同时也能够推动我国在此方面法律规则的完善和管理力度的加强。总而言之,手机视频新闻的出现虽然能够填补现有传播框架的空白,并具有突破性意义,但是它的发展也必然要在国家政治、经济、法律和文化产业等相关领域的规定规范下,实现有约束、负责任的最大限度的自由,实现手机视频新闻内、外结合的自我完善、有效调控与合理管制。

狄更斯在《双城记》的第一句话是："这是一个最好的时代，也是一个最坏的时代。"客观地说，手机视频新闻在我国作为一种新生事物，正处在发展的初级阶段，不可避免地存在诸多局限性，如质量上的粗制滥造、画面质量参差不齐、信息真实性的难以确认，或者由于拍摄者的身份特征伴随的视角局限和价值观的导向不成熟等诸多问题仍然存在。但是，它所蕴含的批判态度、所代表的公众利益诉求、所追求的事实真相、所体现的主人公意识和它倡导的人文关怀都让它广受关注，并以一种势不可当的趋势融入人们的媒介生活中。若能实现内部自主的优质化和外界的有效管理相结合，手机视频新闻的发展前景值得我们期待。

参考文献

[1] 范明献.网络媒介的文化解放价值——一种基于媒介传播偏向的研究[J].新闻与传播研究,2010(1).
[2] 王建磊.公民视频新闻传播及影响研究[D].上海:上海大学,2011.
[3] 陈力丹.舆论学——舆论导向研究[M].北京:中国广播电视出版社,1999(1).

浅论新媒体的特征和影响

苗清源*

摘　要：新媒体是基于互联网的移动通信终端，进入21世纪，互联网得到了长足的发展，对传统媒体造成了强烈的冲击，彻底地改变了原有的媒介格局。本文通过对线性传播模式中各要素的解析，总结了新媒体的特征，概括了新媒体的影响。

关键词：新媒体；媒介格局；线性传播模式

一、新媒体的界定

新媒体诞生以来对社会产生了划时代的影响。从微观角度来讲，媒介产品受到媒介形式的影响，与传统媒体的媒介信息产品有极大的不同。从中观的传播过程来讲，传播过程的每一环节都因媒介的属性而发生了变革。从宏观的社会文化背景上看，媒介的推陈出新对整个媒介生态及社会文化环境都产生了深刻的影响。

新媒体可以理解为新的媒体，是相对于已经存在的旧媒体而言的。目前，基于电子通信技术的互联网媒介是最新的媒介形式。然而，当更新颖的媒介形式产生，基于互联网的"新媒介"又会沦为"旧媒介"。但是在此之

---

* 苗青源,时为北京印刷学院硕士研究生。

前，我们将新媒介默认为是目前最新的一种媒介类型。

目前，学界还未对新媒体形成统一的认识，但是可以从和其他媒体的参照中形成对新媒体的界定和认识。在已经形成比较稳定认识的媒介形态中，与新媒体最为相似的是互联网。互联网又称因特网、国际网络等，它是利用通信设备和线路将全世界不同地理位置的功能相对独立的、数以千万计的计算机系统互联起来，以功能完备的网络软件（网络通信协议、网络操作系统等）实现网络资源共享和信息交换的数据通信网[1]。笔者认为，任何与互联网相连接的智能移动终端都可以被称为新媒体。

二、新媒体的特征

（一）媒介

分析新媒体中传播科技对社会的影响，就必然要与传统媒体的形态做比较。本文侧重研究科技在媒介发展中的作用，所以首先比较传播媒介的不同。传统媒体按照发端时间顺序包括报纸、广播和电视。麦克卢汉有名言"媒介即讯息"。这几种媒介形式对媒介环境的影响是具有划时代意义的。

报纸以纸张的形式存在，占据一定的物理空间。受众在获取信息时可以对纸张上不同位置的信息进行选取，信息仅限于某一张报纸上承载的内容。内容的更新需要在另外的纸张上印刷，重新送到受众手中。所以，虽然受众在阅读每一张报纸的时候看似不受时空限制，但是如果想获得更新的、更全面的信息，还是受到了报纸印刷手段的限制。其选择性也只能局限于受众手中的报纸篇幅内容。报纸内容的累积叠加需要受众付出额外的努力才能保持。总体而言，报纸在一定内容范围内具有选择性，但是由于印刷手段制约了信息的快速更新，报纸内容的传递还是受到很强的时空局限性。此外，报纸上的信息主要通过文字符号进行传播，与电视广播相比，对受众的识读能力提出了一定要求。

广播以电磁波的形式存在，是点对面的传输，线性存在占据了一定的时间。受众获得信息仅需要信号接收器，不需要考虑距离远近，只要在信号覆盖区域内即可。这使广播信息的传送速度能够达到光速，几乎在信息发出时即可收到，克服了报纸制作、印刷、传送所需的漫长周期。在传播范围内，广播虽然几乎不受地域限制，但是其对时间提出了更高的要求。受众必须在广播发出的同时进行信息接收，并且在确定频道后无法对内容进行选择。总体来说，广播虽然在信息更迭和空间上不受限制，但是其时间序列使受众几乎没有选择性。

电视是声画兼有的广播形式。与声音广播相比，电视更具有吸引力，更加生动，具有现场感。此外，无论是声音广播还是电视，都是对人类接收信息的现场的还原。声音广播可以模拟人类在接收信息时听到声音信息的状况，画面也是人类视觉接触信息的还原，声画兼备使观众身临其境。这种获取信息的方式是一种无障碍的信息传播，即使没有接受过读写训练的人也能胜任，这降低了受众的门槛。此外，电视的存录不易，为信息的保存设置了障碍。

互联网是文字、声音、画面兼备的全媒体。移动终端占据了一定的物理空间，声音和画面的获取占据了一定的时间。然而，互联网克服了传统的广播的缺陷：选择性差。互联网通过进度条可以控制声音和画面的前进、后退和暂停。互联网信息的及时更新也克服传统报纸印刷传送周期造成的信息传播延迟，达到了信息传递的时间和空间同步。此外，互联网信息的海量存储克服了以上所有媒介不易保存的缺点。可以说，新媒体集合了以上所有媒介的优点，突破了以上所有媒介的缺点[2]。

（二）信源

在传统媒体中，信息的发布者即为媒介的从业者，如报纸的编辑和记者、电视节目的制作者等。然而，与互联网相连接的智能终端不仅是信息的接收器也是信息的发布终端。信息的发布权不再被媒体所垄断，人人都是信息发布者。当信息发布权被分散以后，发布的内容也必然发生变化。

信源的广泛也导致了多重信源在信息输出过程的重新组织与梳理。在出现不同意见的情况下，会出现一个在互联网上发声较多的人，此人充当意见领袖的角色。在互联网上有许许多多的意见领袖，他们活动在不同论坛、不同领域，在特定的范围内具有一定的领导能力，对他人接受、选择信息具有很强的号召力。

（三）内容

互联网上传播内容的变化，首先体现在信息量上。当人人都能成为传播者，每个人都会在自己感兴趣的领域发布自己知道的内容、坚持的态度、做出的行为。所以，互联网上的信息远比传统媒体上仅由编辑、记者等发布的内容量大得多，并且种类多种多样。

在互联网普及之初，就有木子美在网上晒出自己的私人生活日记，尺度之大挑战了传统媒体的信息底线。博客伊始，徐静蕾、韩寒等明星在自己的博客上晒出自己的日常生活，点击超过一亿。微博盛行以后，姚晨等微博"大V"拥有近8000万的粉丝量。除明星外，还有凤姐、芙蓉姐姐这样的"草根"通过晒丑吸引大众的眼球。各类论坛上，也聚集着大批的ID，发布与自己生活相关的点点滴滴，如天涯、豆瓣等。总而言之，各类人群可以自由地发布多种多样的信息到互联网，这使互联网成为获取信息的一个重要来源。当然，这也催生了一系列的问题。

（四）噪声

噪声是互联网上一个不容忽视的问题。当信息发布权利被分散到每个人身上，传统媒体的把关角色难以平移到互联网上，这就造成了互联网上内容良莠不齐的现象。许多与暴力、色情相关的内容不时弹出，污染了互联网的信息环境。除此之外，某些信息发布者的发布的过激言论、谣言等也使互联网不再是一潭清水。

（五）信宿

传统媒体的信宿即传统媒体的受众。传统媒体的受众与传统媒体的信源有严格的界限，互不重叠。然而，对于新媒体来说，信源和信宿没有严格的区别，多数人既是信源又是信宿，在信源和信宿的角色之间来回切换。新媒体的信宿与其称为受众，不如称之为用户更合适。因为新媒体的信宿已经远远不是被动的信息接收者，而是信息的选择者，在选择以外，还可以随时对信息做出各种反应。媒介更努力去贴合信宿的需求，依据这一点，受众被称为信息的用户更合适。

（六）效果

新媒体信息的同步更新、可随时随地浏览的特点，使新媒体拥有不受时空条件限制的优势。最新的新闻事件在互联网上可以得到最快速的信息发布，世界上任何一个角落的人只要连接互联网都可以接触到网络上最新的信息。每个人都可以成为信息的终端以后，发布者与信息接收者的角色重叠，信息种类增多，信息量巨大，信息交互频繁，网络入口开放，互联网上的信息可以到达千家万户，覆盖面堪比广播，并且突破了广播的时间界限和选择性弱等限制。文字、图片、声音和视频各种媒介形式全部具备，声画同步冲击人的视听感官。当移动互联网普及到每个人的手机上，随时随地地接受最新的、来自四面八方的全媒体的信息的冲击，成为目前最受用户欢迎的媒介体验。

（七）反馈

受众信息反馈的畅通是新媒体区别于传统媒体的重要特点。传统媒体的受众反馈集中体现在读者来信、热线电话、发送短信等方面。对新媒体来说，互联网的开放入口是使信息反馈畅通无阻的重要原因。当受众可以随意在网络上发布信息，任何信息的回馈、意见的反馈都变得轻而易举。同时，在这种情况下，信息的发布和反馈很多时候也不再有明显的界限。一条信息可能既是前面信息的反馈又包含新的信息内容。反馈在数量上也不再是少数，其巨大的信息量已经可以与信息发布内容数量比肩。

三、新媒体的影响

新媒体的诞生打破了原有的媒介格局。信息的发布权力不再仅仅集中在新闻记者、编辑、电视节目制作者等媒体从业者的手中。辅以互联网的时效性，很多时候第一手信息往往在新媒体上由网友发布出来。传统媒体成为从互联网上寻找信息的"追随者"。随着互联网的兴起，传统媒体的发展江河日下，最为显著的是纸质媒介。当声音和画面的冲击来得如此轻而易举、随时随地，又有多少人会坚持阅读报纸上的深度报道呢？又有谁会置互联网上最新更新的消息不理，等待报纸的印刷和出版呢？当报纸出版以后，网页上相关的点击数量和回帖数量恐怕早就已经突破千万大关了[3]。

最为典型的案例是曾经惊爆娱乐圈的"周一见"事件。这一事件的男主角是当时出演了多部电视剧男主角的当红演员。在数部电视剧中，他成功塑造了一个"好男人"的角色。然而，在2014年3月的最后一天，南方娱乐周刊主编在微博上公布了一条耐人寻味的微博，暗示周一《南方娱乐周刊》将有大新闻爆出，并在微博的结尾写到"周一见"。在微博的回复区，网友纷纷猜测这次爆料的涉事人员是谁，其中有知情者透露"周一见"暗指文章婚内出轨。然而，事件迅速发酵，该演员在巨大的舆论压力下于第二天凌晨时分发布了一条道歉微博，引来网友无数评论和转发。在一夜之间，一场留待刊物揭露和发布的重磅娱乐新闻一下成为昨日旧事。《南方娱乐周刊》为这条新闻付出的努力完全没有换来对等的经济价值，在时效性上被互联网彻底地超越。

挑战之下，传统媒体也奋起寻找突破。当互联网进入移动终端时代，传统媒体纷纷开设"两微一端"，试图在失去门户新闻网站的阵地之后，占领手机这一新闻平台。最近两年是传统媒体开设新闻客户端势头最强劲的年份。党媒中新华社、人民日报、央视新闻纷纷推出新闻客户端，各个地方的新闻客户端也大量出现。上海报业的澎湃新闻，以及其他地方性的新闻客户端都在一定地域产生了部分的影响力。

互联网的冲击下，广播和电视在受众数量也呈下滑趋势。受众数量的走低必然带来广告数量、价位的降低。当赢利减损，广播电视的发展也受到很大的考验。尽管广播电视与互联网的结合、报纸和互联网融合有着媒介形式的区别，但根本上都是媒介本位向受众本位的转变。

报纸与互联网融合是将文本内容平移到互联网上，在内容上不能再高高在上，要向用户靠拢，具备一定的趣味性、互动性和参与性。新华社曾在国庆节到来之时做过这样一个主题策划：用户晒出过去十年前及现在与天安门的合影。这一创意激发了广大网友的热情，大家纷纷找出老照片与现在的天安门合影拼在一起，展现了时代的变迁和似水流年的生活韵味。这一主题策划，突出了用户本位，需要用户参与，激发用户展露自我热情，与国庆的情怀融为一体，既为国庆献声又不落俗套。

报纸的文字内容在转移时涉及创作团队是否转移的问题。因为多数网络媒体尚未得到采编权许可，所以网络上的重大新闻信息仍控制在传统媒体手中。虽然互联网生产了许多UGC内容，但是在重大核心新闻的发布上，仍需要从传统媒体中获取信息。

对广播电视而言，信息发布的平移与制作团队是否一同平移显得更加让人瞩目。互联网诞生之初，在播放电视节目时，所放内容是十分有限的。随着互联网的发展，网络直播内容逐渐赶超广播电视所播内容，一部分网站已经拥有热门电视剧是提前播出的权力。此外，一些国内电视台没有播放的外国电视剧也能够在互联网上看到。在互联网发展的强劲势头下，新媒体当然不甘于仅播别人制作的内容。目前，很多视频网站已经开始向上游发力。最为典型的案例当属乐视网。乐视网是最早推出自制剧的视频网站，自制剧一经播出经常会引来网友的大量"吐槽"。大部分自制剧中的吐槽点往往成为网友们看剧的最大乐趣。某些内容在传统的电视上播放是无法想象的，但也正因为这样，此类剧才引发了网友的强烈关注，乐视网的会员数量也因此翻了几倍。而如今视频网站的自制剧数量急剧上涨，成为其创收的重要手段。

新媒体的诞生彻底改变了原有的媒介格局，媒体不再是高高在上的信息发布者，而转变成了以用户为中心的信息服务者。这一重大改变完全归功于媒介科技的进步。正如麦克卢汉所说：媒介即讯息。媒介本身带给社会的信息格局的重要意义是并不低于它所传递的内容。当媒介格局发生变化，传统媒介在被取代的同时积极寻找应对挑战的策略。我们作为未来的媒体人也应该从这一视角出发，完善自身、适应时代，在新媒体格局中找到最适合自己的角色。

参考文献

[1] 胡正荣,段鹏,张磊.传播学总论[M].北京:清华大学出版社,2008:192.

[2] 蔡雯."全媒体战略"中的内容生产创新——对新形势下传统媒体转型的思考[J].新闻战线,2013(1).

[3] 李旸.新媒体与传统媒体的博弈[J].中国传媒科技,2013(6).

[4] 德弗勒,鲍尔·洛基奇.大众传播学诸论[M].北京:新华出版社,1990.

[5] 项国雄,黄晓慧,张芬芳.新媒体与人际传播[J].传媒观察,2006(4).

[6] 马雯芳.网络媒体对电视新闻传播的影响研究[J].西部广播电视,2015(19).

[7] 刘世文.新媒体和新媒体艺术[J].艺术科技,2013(4).

[8] 安东尼·吉登斯.社会学[M].北京:北京大学出版社,2003.

[9] 殷俊,孟育耀.论新媒体言论的基本特征及传播转型[J].国际新闻界,2012(12).

[10] 陈业雷,陈红.新媒体时代受众心理特征变迁[J].青年记者,2011(3).

从主流媒体看2017年两会报道的突破与不足

肖 雅[*]

摘 要：每年的全国两会，不仅是关乎国计民生的国家大事，而且是媒体的竞技场。随着媒体融合的不断深入，两会更是展示媒体融合成果的大舞台。尤其是主流媒体，在今年两会上大显身手，利用已有的优质内容资源，通过技术手段，采用多种形式对内容进行传播，不断突破、扩大影响力。本文从技术创新和形式创新角度，探讨主流媒体在2017年两会报道的突破与不足之处。

关键词：主流媒体；两会报道；技术创新

每年的全国两会，不仅是关乎国计民生的国家大事，也是媒体的竞技场。随着媒体融合的不断深入，两会更是展示媒体融合成果的大舞台。2014年8月18日，中央全面深化改革领导小组第四次会议审议通过了《关于推动传统媒体和新兴媒体融合发展的指导意见》，将媒体融合上升到了国家战略的高度。各大媒体积极投身于融合发展，"融合"成为传媒行业的一场全方位革新。尤其是主流媒体，在2017年的两会上更是大显身手，利用已有的优质内容资源，借助新技术，将以往单一的、以图文呈现的两会报道方式，转化成多形式、多终端的呈现方式。

---

[*] 肖雅，现为北京印刷学院硕士研究生。

一、2017年国内主流媒体两会报道创新分析

（一）技术创新

在媒体融合发展初期，传统媒体被指出技术是其发展的痛点。与新媒体相比，传统媒体在技术上劣势明显。然而，在今年两会中，传统媒体将VR技术、AI技术、直播技术灵活运用于报道，借力技术杠杆，实现技术创新突破，给用户带来了一场全新的视觉盛宴。

1.VR、AR技术

各大媒体在加速媒体融合的进程中，不仅报道不断出新，而且记者们配备的采访装备武装到全身，博人眼球，充分体现了技术上的"融合"。2016年开始，虚拟现实技术（VR）和增强现实技术（AR）实现进一步突破，并首次运用到两会报道中，制作出形式各样、表达生动的融媒体产品。与以往传统媒体采用图文滚动播报的形式相比，VR、AR技术的运用，使得用户更有参与感。通过VR、AR技术，为用户呈现出全国人民大会堂的内部场景和布局结构，让用户如同身临其境，犹如自己亲自到会场参加会议一般。模拟两会现场的真实场景，报道更全面，为用户自由切换视角提供了更多的选择性。

今年两会上，各部门的工作报告多采用VR、AR技术来呈现。如最高人民法院工作报告采用VR技术，用户只要扫描二维码即可看到最高人民法院的主建筑；滑动屏幕，还可360°旋转画面，看到院内的大门、绿化带等场景。点击"2017年最高人民法院工作报告"按钮可进入法院内部，看到高院院长周强的发言视频。新华网利用AR技术实现报道——《无人机航拍：换个姿势看报告》，以短视频形式，将用户带入两会工作报告。据了解，新华网使用无人机航拍了50多部视频，工作人员进行后期筛选后，选取政府工作

报告中的11组数据，以可视化方式植入航拍视频之中，提取李克强总理做政府工作报告的音频作为航拍视频的配音，以14个特效镜头进行呈现。用户能直观地看到可视化的数据和航拍画面。

2.AI技术

继去年AlphaGo打败韩国围棋冠军李世石，今年AlphaGo以3∶0战胜柯洁，人工智能被推上高潮，越来越吸引人们的关注。近年来，人工智能被广泛运用于各领域。从智能机器人"快笔小新"能够在短时间内实现新闻的生产与发布，到机器人写诗，不免让人感叹人工智能如此迅速的发展。据《乌镇指数：全球人工智能发展报告2016》显示，全球平均每10.9小时就有一家人工智能企业诞生[1]。

2017年两会上，人工智能技术首次被运用于报道中，虚拟机器人和实体机器人齐上阵。如光明日报客户端推出的虚拟机器人"小明AI两会"，以历年两会报道的数据为基础，通过对数据的挖掘和整理，融合人脸识别、图片识别、语言识别等技术，为用户提供新闻信息服务技术。用户通过输入文字或语音，即可实现人机交互问答。例如，上传一张代表委员的照片或直接点击页面上呈现的人物，可以很清晰地看清人物的信息，包括个人信息和他所关注的领域，理清人物关系脉络，了解与人物相关的热点新闻。人民日报的"小融"，能够精准匹配回答用户所提出的问题。新华社的实体机器人"i思"，以短视频、电视专题等形式推出"i思跑两会"系列节目。

3.直播技术

直播技术打破了时空限制，为用户提供了更开放的空间。2017年两会上，光明网"钢铁侠"多信道直播云台成为媒体焦点。打破以往前方记者采集，后方编辑加工的流程，通过这个直播云台，一名记者可实现采、编、发于一体，生成多种内容形式、同步各个平台的报道产品。这大大节省了人力和物力，使新闻得到及时发布。光明网在"炫融直播"的基础上，采用多套罗技CC3500e会议系统及CC2000e便携视频会议设备，搭载Skype for Business软件进行直播和采访[2]。一方面，邀请专家做客演播室，进行分析解答；另一方面，融媒体记者在人民大会堂现场借助手机进行直播连线，在多个平台同步播出。此外，借助目睹科技独有的VR直播"多平台推流技术"，将VR直播同时发布到汇聚大量用户的内容平台"3D播播"上，用户能够实时观看两会报道内容[3]。

人民网牵手腾讯网，合作制作直播节目《两会进行时》，总浏览量超过1.38亿人次。"央视新闻"推出移动网直播，在全国政协开幕当天，使用人数近960万，观看人数过200万。截至2017年3月15日，观看"央视新闻"移动网直播的在线人数超过2.25亿，累计触达人数超过4.6亿[4]。

（一）形式创新

1.二维码

在媒体融合的初期，媒体常采用的方式是在纸媒中加入二维码，用户通过二维码获取更多的内容。政府报告中出现二维码，是今年两会中的亮点。用户通过扫描，观看时长不到3分钟的视频动画，能够直观地了解政府工作报告中有关于2016年完成的指标任务。报告中晦涩难懂的数据通过一张由32组数据组成的图表表现，创新的同时为用户带来不少便利。

2.H5

两会前，光明网微信公众号发表《有奖调查：两会来了，今年你最关心什么》搜集用户关心的话题，根据用户的留言，总结用户的关注点，以此作为选题基础，满足用户群的需求。为了更好地调动用户的积极性，光明网还从中选出十条留言，以话费形式进行奖励。2017年3月3日，光明网配合光明日报推出的四期两会特刊《全面建成小康社会：攻坚克难决，战决胜》《全面从严治党：不忘初心继续前进》《全面深化改革：保持定力，务实笃行》《全面依法治国：法治中国砥砺奋进》，光明网同步推出"四个全面"系列H5动态交互图解。

人民日报客户端推出H5作品——《两会喊你加入群聊》，以往严肃的两会报道风格变得轻松活泼。仅推出当天，该H5作品的点击量就超过了600万次，用户在人民日报客户端上的留言超过9万条[5]。

3.短视频

视频是新闻可视化的一种形式，将相对难以理解的内容转换方式进行陈述。在两会报道中，常见的短视频包括由长视频剪辑而成的内容。例如，光明网两会专题中《会问·会答》栏目，利用短视频连接会内代表委员与会外的90后用户，实现年轻人与两会代表委员零距离接触，通过快问快答的方式，由代表委员解答年轻人关心的热点问题。该栏目共推出有关大学生就业、农村教育、传统文化传承等主题的问答短视频30余条，获得数百万的点击播放。还有制作出有创意的动画短视频，如人民网动画短视频《"剧透"2017年全国两会》，虚实结合，镜景流畅，完全没有违和感。

4.数据新闻

数据新闻在"两会"报道中首次出现在2014年。数据新闻的核心是"数据驱动新闻"，新闻报道需要紧密依赖数据的统计、整理和分析。干巴巴的数字难以吸引用户，要以故事为主，故事化才能吸引用户的关注。以往几万字的工作报告，一般采取全文或者部分刊登的方式，读起来非常枯燥。可视化产品出现后，报告中的重点、难点经过专业人员的提炼和解析，用户可以用最快的速度理解报告内容，帮助用户节约时间。如新华网制作的数据新闻《数读2017年全国两会》，分别从当日阅读量最高的新闻、最热话题、最受欢迎的地方代表团、最关心两会的省份等角度出发，利用数据与图文形式清晰呈现，吸引受众阅读。

二、两会报道中存在的问题

从 2017 年 3 月 11 日起,央视《新闻联播》携手搜狐新闻客户端,推出"两会追踪看实干"系列报道。报道依托于媒体庞大的用户积累带来的海量用户数据,从"大数据"角度,打造更精准、全面的两会热点。据新华网舆情监测系统数据显示,网民对全国"两会"的关注度逐年上升,开幕前的舆论热度指数从 2014 年的 76.67 上升到了 2017 年的 90.62;网民对"两会"持正面评价的比例从 2014 年的 80.7% 上升到了 2017 年的 93.6%[6]。虽然,近年来媒体融合取得了突破性的进展,两会报道更彰显了媒体融合下的成果,但仍存在一些不足。

(一)技术只是技术,没有实现与内容的真正融合

1. 重心放在技术装备上

媒体融合更多地应该是技术与内容的多方面的融合,而从 2017 年的两会报道来看,各大媒体将重心放在了技术和设备的展现上。设备再吸引人,也只是进行报道的工具,用户虽然会被设备的新奇所吸引,但更重要的是媒体人如何更好地借助设备呈现出新产品,带来不一样的视角,而不只是换汤不换药,形式大于内容。

2. 两会上的 VR 并非真正的 VR

虚拟现实的产品注重沉浸感和交互感,让人有身临其境的感觉。但从今年两会上的产品来看,虽然 VR 被广泛使用,但这些 VR 新闻只是提供了全景拍摄和浏览,与真正意义上的 VR 还有距离。它只提供了 360°观看的功能,整体给人一种眩晕感,难以产生沉浸感和交互感。

3. 人工智能仍处于初步阶段

今年两会上,"AI 小明"作为人工智能的产物,功能强大,但仍然处于初步阶段,在操作时仍会出现一些问题,如数据库不健全,很多内容更新不到位;一些提出的问答不能反馈正确的结果;人物关系的标注相对简单,没

有具体解释；点击浏览相关新闻、两会热点后，无法返回上一页，浏览不方便。再如，新华社的智能机器人"小新"功能不全，不能准确回答一些问题，数据库有待完善。

（二）形式的创新只是噱头

两会报道中，制作出 H5 互动、动画短视频、数据新闻、读图解意等多种形式的新闻，但不得不说形式创新只是个噱头。其中真正让用户体验到原汁原味的"全国两会"的形式到底有多少，很难得到确切答案。虽说直播形式新颖，但总体给人一种刻板的感觉，如主持人提问不自然，嘉宾的回答类似于讲课，用户难以三个小时全程参与直播等。

结语

2017年的全国"两会"已经落下帷幕，"两会"报道似乎不是那么"高大上"，各大媒体的创新性报道形式使两会更深入群众，报道更接地气，提升了网民参与感。网络民意受到前所未有的关注，网民关注的议题和两会议题交织融合，成为媒体报道的核心内容。主流媒体借助技术手段，抓住技术这根杠杆，不断深挖，使得两会专题报道更具可读性、可视化，虽然仍存在一些问题，但展示了传统媒体在融合发展中的新形象，反映了媒体融合发展所取得的积极成效。

参考文献

[1] 《乌镇指数：全球人工智能发展报告 2016》正式发布[EB/OL].[2016-11-17].http://www.360doc.com/content/16/1117/09/29770038_607194305.shtml.

[2] 罗技高清视频会议设备助力光明网两会报道[EB/OL].[2017-3-7].http://www.ctiforum.com/news/guonei/505492.html.

[3] 光明网开启全国两会 VR 直播目睹科技实力助阵[EB/OL].[2017-3-3].http://news.91.com/zncd/s58b934574a4f.html.

[4] 央视新闻移动网 243 场直播全新展示两会现场,[EB/OL].[2017-3-17].http://www.cctv.

cn/2017/03/17/ARTIRQTryd2ki9apst Wsc46n170317.shtml.

[5] "喊你加入群聊"H5点击超600万,人民日报为何总是两会爆款产品[EB/OL].[2017-3-6].http://www.tdcow.cn/News/20170306/718067.html.

[6] 逾九成网民对两会持正面评价[EB/OL].[2017-03-08].http://news.eastday.com/c/lh2017/u1a12784413.html#bsh-24-1639911121.

反腐议程下政治传播的影视表达与全媒体奇观——以《人民的名义》为视角

常 昕 卜希梦*

摘 要：以反腐为主题创作的电视剧《人民的名义》开播后，传统电视端、网络点播端、UGC再创作端同时被奇观现象所激活，围绕反腐议程展开了一场全民政治传播，设置了关于中国官场和检察反腐的集体议程。研究认为，剧集发掘了政治传播与社会情感的交叉点，并将政治情感的表达进行抽象化、符号化处理，以贴近朴素矛盾、贴近受众认知、贴近民间舆论的社会贴近性元素主动"创造受众"。因此，《人民的名义》能够打破单一影视文本的界限，生成了一个集约化的"媒介"。在此意义上，其对政治伦理的反思、对主流价值观的追溯是有力的。

关键词：反腐议程；政治传播；人民的名义；全媒体奇观；创造受众

一、影视作品作为政治传播的文本形态

一般认为，政治传播研究发源20世纪50年代的美国，其核心命题是研究大众传播与政治之间的互动关系。尤其是随着研究者对历次总统大选中的政治广告、竞选技术、选民态度、出口民调等问题研究的积累和深入，政治

---

* 常昕，博士，现为北京印刷学院新闻出版学院讲师；卜希梦，金吉列出国留学咨询服务有限公司人力专员。

传播在美国已成为具有系统理论渊源和研究方法的传播学研究分支。在我国，20世纪80年代开始有人研究政治传播。

尽管可以对政治传播学的起源进行时间序列的大致定位，但作为人类社会的一项基础活动，政治传播行为的起源却难于认定。比如亚里士多德在《修辞学》中以古希腊城邦政治的辩论、演说为论据引出了口语传播中的说服理论，而这些说服行为无疑可被看作一种非大众传播语境下的政治传播行为。进入大众传播时代后，政治行为主体利用大众媒介向受者进行政治信息传递的行为，都可划归为政治传播的行为范畴。

基于政治传播的大众性和公共性，其传播产物囊括了新闻、广告、影视、戏剧和文学等在内的大众传播文本类型。美国自20世纪30年代以来制作了大量以政治传播为起点的影视作品，比如《白宫风云》（1933）、《华府千秋》（1962）、《总统班底》（1976）、《林肯》（2012）、《美国狙击手》（2015）、《比利·林恩的中场战事》（2016）等电影，以及以《纸牌屋》《国土安全》《副总统》等为代表的电视剧。这些影视作品或借助政治原型进行抽象创作，或借助虚拟形象和故事向外输出政治立场和价值观。

政治本身的国别性决定了政治传播在不同国别语境下的特殊性。我国也有不少影视产品具备政治传播的属性或达到了政治传播的功能，如近年来抗日题材电影和电视剧的密集创作、播出，一定程度上折射出了爱国主义和红色教育是一段时期内的重要政治议题。党的十八大以来，反腐倡廉无疑是中国政治的一项主导议程，以此为主题创作的电视剧《人民的名义》于2017年3月28日在湖南卫视首播。开播仅几日，该剧已收获包括新华社、人民日报、央视等核心主流媒体的"点赞"，自媒体也纷纷"蹭热点"，以这部剧集为文本原点，设置了关于中国官场和检察反腐的集体议程，进而引导公众对国家反腐的关注和信心。

二、社会情感的集中投射和抽象表达

（一）反腐：政治传播与社会情感的交叉点

反对腐败、倡导廉政，是政治伦理学术语，属政治道德的范畴。《人民的名义》以反腐为落点，从政治道德的层面展开讲政治故事，表达政治立场和社会公义，这在国内影视剧中是有题材创新性的。最高人民检察院影视中心是这部作品的创作组织方，是此次主流政治话语的传播主体和策划者。这意味着国家层面选择了以反腐为命题，对一段时期以来国家政治风气的变化进行艺术化的表达。在日常严肃新闻的"硬传播"之外，用"软传播"的方式将中央八项规定、反对"四风"、打虎拍蝇等一系列从严治党、反腐倡廉的举措、成绩、经验等，向社会公众进行交代和说明。

美学家苏珊·朗格认为，"艺术所表现的情感，不是艺术家个人的真实情感，是一种他所认识和理解的人类情感，是一种情感的本质，情感的概念。"应该说，随着国家反腐力度的持续加大和新闻媒体的报道宣传，老百姓对中央反腐的决心是相信和认同的，由上而下地在反腐上达到了情感的共鸣。这种朴素的共鸣恰恰是这部剧实现政治信息有效传播的重要起点。笔者从知乎、微博等自媒体上随机选取了几条受众对这部作品的反馈，如"这部剧写实程度之大，写实深度之深，入木三分。""千里之堤，溃于蚁穴，瓦解都是从内部开始的，所以才要反腐，不能让矛盾冲突越来越大。""我们看的应该是进步，中国的进步，恰恰是这部剧折射出的种种社会现象，明显的、隐含的，这是其他任何电视剧所不能够反应的。"不难看出，作品本身对现实政治生态的客观写照是受公众认可的，甚至可以引发人们的政治反思。

（二）政治情感表达的抽象化、符号化

首先，人物原型抽象为叙事符号。心理学家荣格在其人格分析理论中系统解释了"原型"的概念，它是指一切心理反应的普遍一致的先验形式。这

种先验形式是同一种经验的无数过程的凝缩和结晶，原型总是通过一种形象表现出来，这种形象具有一种超验的形式和不可穷尽的象征意义。虽然《人民的名义》播出后，开始有公众号或网络媒体发文"猜想"剧中人物的官员原型，而实际上，不管是小官巨贪的"赵德汉"，还是出逃境外的"丁义珍"等，都并非完全基于某一个现实官员个体，而是基于艺术表达的需要和典型人物的塑造，而将若干实例或虚构情节糅合在一起，抽象为一个剧中形象或叙事符号。从剧中形象能够看到现实中某些官员形象的影子，但又不只是具体一个人的影子，这便是荣格所说的原型具有的"超验的形式和不可穷尽的象征意义"。

其次，叙事内容的在场性和抽象处理。《人民的名义》编剧周梅森在接受采访时说："还原场景、实地调研、体验性创作是其长期以来坚持的创作方法和素材来源。"比如，剧中京州市委书记李达康的妻子收了行贿人三张银行卡，据周梅森言，这一情节源于他在南京市某反贪局调研时掌握的真实案例。西方哲学中有"在场性"概念，指的是对象的客观性和经验的直接性。在场性是这部剧集传递出鲜活感的重要原因。但是，艺术作品的抽象表达意味着需要舍弃具体情感中偶然的和非本质的因素。因此，作品抽取了真实案例中的核心要素，将之置入剧中故事线和人物关系图中，形成了新的叙事脉络。再如，这部剧中政商人物的关系架构是围绕着"山水集团"和"大风服饰厂"的股权纠纷一事展开的。为何选择"股权纠纷"作为逻辑起点？近年来，股权纠纷的民事案件、刑事案件已成为公司法案件的重要类型。其特点是，涉及巨大经济利益的争夺，地方政府为了维稳往往会出面。因此，案件中经济和政治的叠加对应于剧情中反腐和政治角力的交叠，这促使股权纠纷成为该剧叙事逻辑的关键一环。

三、以社会贴近性元素主动"创造受众"

美国新闻学者迈克尔·舒德森在社会演进的框架下探讨新闻业问题时提

出：新闻媒体不是在寻找受众或回应受众，而是在创造受众。新闻消费者就在新闻当中，只有那些具有特质的新闻才能够吸引"瞬间的注意"。在影视文本泛滥化制作发行的当下，受众的选择性注意被赋予更多的自主选择，人们对影视作品钟情的难度增大，"弃剧率"成为收视率之外需要被关注的效果变量。因此，舒德森提出的"创造受众"实则意味着，一部作品中主观能动性的创造能在多大程度上与受众的需求相契合，就会在多大体量上产出注意力。《人民的名义》在对当代反腐题材的驾驭中，多角度切入社会贴近性元素，在多社会阶层、多年龄层、多媒介接触层都创造了关注度。

（一）贴近朴素矛盾

当代题材有很多面向，如军绿、都市、农村和涉案等都是当前影视创作的热门取向，但播出效果不一而足。现实主义的一个重要特征是对社会的认识和批判。直指矛盾、揭示问题是引发叙事共鸣的关键，不痛不痒、应和浮躁的创作态度是难于引发公众的深刻思考的。《人民的名义》围绕检察院反腐的主题，把与此相关的社会矛盾和公众关注纳入情节。比如，第17集中，剧中人物在教育孩子时说："现在小学生都知道了，花钱办事，不给钱不办事""社会财富分配不公，贫富差距相差特别大，有些人住不起房，看不起病，读不起书还死不起人，可有些暴富的人还喜欢炫富，这不是在社会的伤口上撒盐嘛！"……看似是你一言我一语的闲聊，实则批判了现实中个别炫富拜金、社会不公等扭曲的价值观和矛盾症结。在同一集中，市委书记李达康探访信访办的情节同样令人印象深刻：信访办低矮狭小的接待窗口、高高在上的服务态度、弯腰蹲地的办事群众等，作品对这些细节的交代实则代替有过类似经历的观众做了一次集体发泄。在社会转型期，上述典型矛盾是朴素的，但以往的影视作品少有这样直白的追问和反思，也正是基于这份朴素关切，《人民的名义》才能大面积地引发观众情感和情绪的共鸣。

（二）贴近受众认知

贴近受众生活和认知的叙事视角塑造出更有立体感和可接近性的官员形象。相较都市、农村和情感等题材，政治题材的作品常令观众觉得坚硬、古板。内容不"接地气"、语言不"讲真话"是一个重要原因。《人民的名义》中政治人物官场角力的同时，也有自己感情上的烦恼，硬的政治线与软的感情线交织在一起，让观众看到的是立体的、更像普通人的屏幕形象：原来官员也会离婚，原来成绩斐然的检察官也是被父母催婚的"剩女"，等等。贴近性的视角和叙事框架引导受众去平视作品中的故事和人物，而非刻板地将人物做好与坏的二元区分。如此一来，作品得到的反馈便呈现出厚度和延展力。

（三）贴近民间舆论

当前，一个依托于虚拟社区口口相传、交相众议的民间舆论场业已形成，自媒体已成为唤醒公众正义感、权利意识和群体智慧的重要平台，也是政治传播中越来越体现传播强势的信息渠道。值得一提的是，在《人民的名义》中有一个看似边缘的角色——郑胜利，他染着一头金发、身着摇滚T恤、戴着潮流配饰，是"90后"受众熟悉的"杀马特"式的人物。创作者给予他的身份更为关键——网络推手公司的小老板。他善于利用网络舆论替他人制造影响，并投机其中赚取利益。尽管这个角色本身与作品关于政治反腐的核心命题不直接相关，但不可否认的是，网络舆论、舆情推手已成为关系社会稳定和政治大局的重要因素。在第11集中，郑西坡被公安人员深夜传唤，其子郑胜利快速在论坛发帖《紧急求助，泣求各路大咖营救一位无辜老人!》，这条帖文恰被市委书记李达康看到，李进而严肃批评了公安部门的草率行为。这个细节实则是创作者对网络舆论的传播力、影响力进行反思后做出的一次影视投射。

四、收视反馈：一次政治传播的全媒体奇观及其多重影响

美国文化学者道格拉斯·凯尔纳在21世纪初提出了"媒体奇观"的概念，将其定义为"能体现当代社会的基本价值观、引导个人适应现代生活方式，并将当代社会中的冲突及其解决方式戏剧化的媒体文化现象，包括媒体制造的各种豪华场面、体育比赛、政治事件等"。媒体奇观是不少媒介研究者在解读电视综艺节目、网络消费文化、热点新闻报道等议题时的理论工具。具体到《人民的名义》而言，奇观的形成起始于传统媒体端良好的收视口碑，以及主流媒体的点赞和背书，进而吸引着网络媒体、自媒体平台加入"蹭流量"的行列，从不同角度向受众推送以《人民的名义》为由头的信息。比如，"钛媒体"推送文章《达康书记的GDP，由我来守护》，从法律关系的角度分析了剧中的股权纠纷案；澎湃新闻转载《沈阳日报》的文章，报道了演员片酬、筹拍资金、内容审查等新闻背后的新闻；"传媒圈"转载其他媒体的文章分析了播出权为何落到湖南卫视；"央视新闻"的两微一端都将剧中的"花式点钞"作为新闻点进行了揭秘……在热播的一段时期内，各类媒体的传播议程在"人民的名义"这一关键词下达成了"默契"，却又各显神通、各寻新意，同构出一个基于全媒体的奇观。

媒体通过塑造媒体奇观来吸引受众，受众通过媒体奇观来感知作品本身及其所涉及的政治、社会、经济和文化等全方位议题。值得关注的是，这部剧从创作到拍摄都将年轻一代视为重要的收视培养对象，从效果上看，这一创作意图也在很大程度上得到了实现。比如，"李达康"登上了微博热搜，年轻用户为其创作的表情包和动图比比皆是，一批"达康粉"迅速在网络上簇拥生成；剧中人物的鬼畜视频出现在A站、B站的首页上……毋庸置疑，年轻一代更倾向于以娱乐化的态度去接收和反馈剧集所传播的内容。从传播效果而言，全媒体奇观意味着这场政治传播年龄层落点的多样化，以及收视渠道的多元覆盖特征。传统电视端、网络点播端、UGC再创作端同时被奇观现象所激活，围绕反腐议程展开了一场全民政治传播。

《人民的名义》既承载了国家反腐倡廉的政治意志，又暗含了对社会正气和人间正义的伦理思辨。不论对为官者还是普通公众，《人民的名义》既有告诫之心，又有训诫之力。传播学理论认为，媒介传播的影响有三个阶段：活化——强化——转化。尽管媒介只是产生舆论影响的一个因素，但作为政治传播的核心渠道，媒介对于政治议题的解析、重构和再现的能力在很大程度上决定着公众的接受效果。在全媒体奇观语境下，《人民的名义》已打破单一影视文本的界限，而更可以理解为一个集约化的"媒介"，在此意义上，其对政治伦理的反思、对主流价值观的追溯是有力的。

参考文献

[1] 吴风.艺术符号美学[M].北京:北京广播学院出版社,2003:76.

[2] 知乎帖文[EB/OL].http://www.zhihu.com/question/57852890/answer/155342563.

[3] 周梅森.最高检邀我写最大尺度反腐剧[N].新京报.2017-03-19(A09).

[4] 迈克尔·舒德森.新闻社会学[M].徐桂权,译.北京:华夏出版社,2010:200.

[5] Douglas Kellner. Media Spectacle[M]. New York:Routledge,2003(6).

[6] 陈卫星.传播的观念[M].北京:人民出版社,2008:61.

关于国内政治传播的思考——以"一带一路"倡议为例

苏 瑜[*]

摘 要：自从2013年习近平总书记提出"一带一路"倡议以来，中国与中亚、东南亚等沿线国家建立了长期的合作发展关系。各方站在政治互信的高度上，以经济互利互惠为目标，以文化底蕴作为串联符号，共同打造命运共同体。中国是"一带一路"倡议的主推力量，"一带一路"倡议的提出，对中国和沿线国家都具有至关重要的意义。本文通过梳理"政治传播"和"一带一路"的内涵，以政治和传播视界融合的角度为切入点，总结了"一带一路"在对内和对外两个维度建设过程中的政治传播路径，并在此基础上提出相关的政治传播思考。

关键词："一带一路"；政治传播；视界融合

随着中国的发展壮大和国际影响力的提高，政治传播逐渐成为国内学界研究和讨论的热点。毫无疑问，全球化的今天，政治传播已经成为一项重要的课题。2013年，习近平总书记提出"一带一路"倡议，无论是对内还是对外而言都具有重要的意义。对内而言，"一带一路"倡议是具有中国特色的政治构想，对维系亚洲安全与稳定有着积极的意义；对外而言，"一带一路"倡议是中国开展国际交往和塑造形象的策略。中国"一带一路"倡议从

---

[*] 苏瑜，时为北京印刷学院硕士研究生。

提出到发展都离不开政治和传播，本文改变以往"媒介在政治传播中的作用"的角度，转而以"政治和传播的视界融合"这一新思路，探究"一带一路"倡议中的政治传播路径，并提出相关思考。

一、政治传播与"一带一路"的内涵阐述

自古以来，政治与传播两者之间存在着紧密的关系。关于政治传播的内涵也存在不同的界定，大致概括为三种。第一种是从政治学的视角出发，认为政治传播是政治主体通过对政治信息的处理过程而形成的一种政治行为，政治传播的内容具有浓烈的政治意义色彩；第二种是从传播学的视角出发，认为政治传播是传播主体通过传播媒介，运用传播符号向受众传递政治信息，从而影响受众的认知、态度和行为的传播过程；第三种是从政治与传播的"视界融合"角度出发，强调政治共同体中政治信息的扩散与接受的过程，认为"政治"和"传播"要素的地位是不相等的。在政治信息的传播过程中，政治是基础，传播是着力点，二者的有机结合才是政治传播的范畴[1]。

近年来，政治传播研究不断深入，政治传播理论与实践也得到了不同程度的结合。政治传播已经不仅侧重于政治的传媒化或者传播的政治意图，而是要在政治这个前提下，以创建政治共同体为传播主体，分析政治讯息在传播渠道的扩散和接受的过程，从而对大众产生政治传播的效果。在传播的过程中，政治传播的作用是相互的、多向的。政治与传播在此过程中是不可分割的。在政治传播过程中，构建政治共同体实际上就是以政治内涵为对话空间，在此基础上探讨传播渠道中政治信息的流动过程，在流动中形成独特的政治传播模式，从而产生政治传播的效果，达到政治与传播的视界融合。政治传播的"视界融合"是融合的一种新思路，强调了政治与传播两者在特定的环境下是相互作用相互影响的。

中国的"一带一路"倡议是习近平总书记在2013年访问中亚和东南亚时提出的。"一带一路"指的是"丝绸之路经济带"和"21世纪海上丝绸之

路"。这两项倡议的提出源于中国历史上出现的"丝绸之路"文化符号。在中国古代历史的长河中,"丝绸之路"是连接亚洲、非洲和欧洲的商业贸易通道,最初用于输出丝绸和陶瓷等商品,并逐步发展成为沿途各国经贸往来的主要通道。

"一带一路"倡议为中国的对外交往、合作共赢开启了新的篇章,同时也对中国的政治、经济和文化产生了深远的影响。中国是"一带一路"倡议的提出国,但依旧需要"一带一路"沿线国家的共同参与,共建命运共同体,即在政治上讲求高度互信、求同存异,形成独特的政治共同体。在"一带一路"倡议的政治传播过程中,重要的传播主体是国家或政党所形成的政治共同体,但需要特别注意的是,在政治信息的扩散和接受环节必须内外有别。这就是说,对内政治传播要基于中国人民对中国政治体制下的意识形态价值的理解,而对外传播则需要在不同的意识形态中寻找到可以交换意义空间的政治共同体。在"一带一路"的传播渠道中,传播不应该局限于单向传递,而应该追求多向互动,让信息能够在不同的传播媒介平台上传递。在此基础上,才能够进一步探讨"一带一路"倡议的政治传播效果。

二、"一带一路"倡议如何实现对内对外的政治传播

(一)对内政治传播:丝路通道讲战略,但仍须讲好中国故事

"一带一路"倡议从提出至今,站在国家政治的高度上看,"一带一路"倡议是在中国特色的政治基础、经济建设、文化内涵下发展而来的。它对国家的发展具有特殊意义,关系国家利益与国家安全。

"一带一路"倡议在对内的政治传播过程中,它作为政治的基础不变,但这并不意味着,在"一带一路"倡议的政治传播中要一味地讲政治内容,用刻板的政策宣传推动政治信息的流动。对内政治传播如何向人民讲好"一带一路"倡议的中国故事,至关重要。讲好中国故事,在传播形式上应该尽

量淡化生硬的政治宣传意味，以经济、文化、外交、历史和教育等各方面作为政治传播的切入点，用中国人民最容易理解的方式讲好中国"一带一路"倡议的故事。例如，中央电视台《"一带一路"特别报道：数说命运共同体》的新闻节目则挖掘了中国与沿线国家的经贸往来与文化互动。新闻报道的角度不再以政策的宣导和解读为主，而是采用了现场说故事的方式，用真实的镜头画面记录和讲述了中国企业、普通民众的丝路生活，在几个小故事中，以经济贸易、基础设施建设、美食与文化等各方面作为叙事主线，让中国人民从多方面了解"一带一路"倡议的内涵，从而更好地塑造共同的核心价值导向，最终实现"一带一路"倡议政策沟通、道路连通、贸易畅通、资金流通、民心相通的目标，建立中国与沿线国家的利益共同体、命运共同体和责任共同体[2]。

(二) 对外政治传播：沿线交往重沟通，理应共话意义空间

"一带一路"倡议是在国际背景下的对外交往策略，是一个由中国主导的，沿线国共同绘制的蓝图，是一个穿越了不同意识形态、不同语言、不同文化的区域性乃至全球性的构想。"一带一路"的对外政治传播基于各方在各自的意识形态中产生的对政治、经济、文化的诉求，并且希望在不同的意识形态中寻找契合点，在传播、交流、碰撞和融合中形成政治共同体。

在传播学的象征性社会互动理论中，互动的双方通过象征符号来交流或交换意义，但双方要实现意义的交换需要有共通的意义空间，一是对传播中所使用的语言、文字等符号含义的共通的理解；二是大体一致或接近的生活经验和文化背景[3]。"一带一路"倡议的对外政治传播如果缺少了与沿线国在对话中共通的意义空间，则会产生歧义，造成相互之间的误解，影响政治信息传播的各个环节。为了消除彼此在传播过程中产生的不和谐因子，"一带一路"倡议的对外政治传播首先要注意的是语言符号和非语言符号的运用，其次是各方文化的差异性与排他性。只有扩大传播双方共通的意义空间，才能加深双方的相互理解。例如，中国过去常常讲"和平崛起"，现在更多讲

"和平发展"，实际上是一种语言策略的转变，用发展代替崛起，消除了其他国家的紧张感和不舒适的心理，强调共享的价值和共赢的理念[4]。"一带一路"倡议的政治传播是基于政治与传播相互融合式的推进发展而来，中国与沿线国家应该重视相互的沟通，搭建起友谊的桥梁，在共通的意义空间里多谈共同发展，构建一个互惠互利的利益、命运和责任共同体。

三、基于视界融合角度对"一带一路"倡议的政治传播思考

（一）深化共同体意识，实现政治和经济的文化立体发展

"一带一路"倡议提出以来，习近平总书记在博鳌论坛的演讲，亚投行与丝路基金的建立，中国与俄罗斯、匈牙利等国签署的合作协议等事项逐步彰显了"一带一路"的显著成效。这些政治、经济和文化交流上的成效始终贯穿着命运共同体意识，同时也使"一带一路"成为中国的新名片。"共同体"可以理解为人们在共同条件下结成的集体。其来源于1965年欧洲经济共同体的成立并逐步成为一种较高形态的区域经济合作形式。随着国际关系的不断深化或扩展，人类面临着许多不确定的因素和未知的挑战，各国也纷纷意识到需要共同携手应对挑战，因此形成了各种层面更高、层次更深的共同体形式。"一带一路"的利益共同体、命运共同体、责任同共体也由此而来。

中国"一带一路"倡议的政治传播需要在双方共通的意义空间内实现有效的沟通和对话，从而形成政治共同体。在丝路经济带合作的"五通"模式中，政策沟通排在首位，说明了思路各国只有在高度灵活、富有弹性的政策沟通前提下，发挥政治的基础作用，并以政策辐射带动经济、文化的繁荣发展，最终实现政治、经济和文化的立体发展，促进丝路各国实现合作共赢、互利互惠。

（二）加强媒体合作，搭建"一带一路"融媒体平台

"一带一路"倡议提出后，我国形成了"一带一路"的对外传播格局，中国日报、人民日报海外版、环球日报、中央电视台官网等主流媒体纷纷加强对外宣传报道。新加坡联合早报设立的"一带一路"专网成为东南亚首个以"一带一路"为核心主题的华文综合信息网站。在"一带一路"媒体传播联盟主题论坛上，来自中国五洲传播中心、美国国家地理频道、探索频道、历史频道，新加坡亚洲新闻台，蒙古国国家公共电视台等17家媒体机构的代表签署《"一带一路"媒体传播联盟倡议书》。此外，它们还联合发布"丝路电视跨国联播网"合作项目，整合丝路沿线媒体资源，打造从节目内容制作到联合传播再到更广的泛推广实现市场运转的产业链，计划在固定的频道、固定的时间段，在不同国家以当地语言播出"丝路电视"节目，并加"B&R TV"统一台标。[5]除此之外，在传播渠道和方式上积极顺应新媒体、新技术的发展趋势，在手机端、社交媒体上突破创新，搭建融媒体平台。

这就是说，在政治传播的视界融合中，政治作为传播的根基，为"一带一路"倡议定了调性，而传播促使信息得以流动，是主要的着力点。中外媒体作为"一带一路"信息交流的窗口，不仅需要建立媒体传播联盟，丰富"一带一路"倡议的传播内容；也需要融入新技术，扩宽传播渠道与方式，搭建"一带一路"融媒体平台。

（三）增进情感联结，获取沿线民众的理解和支持

受众是信息传播的接收者，是传播模式中重要的构成要素，是传播效果的主要影响因素。而民意是一个囊括了政治学和传播学的词汇，关系着社会民主化的进程。民意从字面理解为"人民的意愿"，也就是在传播的过程中，受众反馈了什么内容，关系着受众的态度、情感与行为。"一带一路"倡议不应该只是国家或政党的单独对话，沿线民众也是重要的推动力量。在政治传播中，如何实现"一带一路"民心相通，政府和媒体是主要的践行

者，不仅要向民众传递真实而有效的信息，更要用民众最容易理解的方式说好沿线故事，同时唤起民众的情感认同，以情感作为沟通的策略贯穿于政策的传播中。"一带一路"根本上归属于政治层面的话语框架，但它的表达方式应该体现接近性原则，贴近民众的普遍意愿，达到民众可接受的程度。

在"一带一路"倡议的政治传播中，为了增进沿线国家间、沿线民众间相互间彼此的了解和支持，实现情感认同，必须要了解民众心中所想。媒体不仅是话语权的构建者，也是民意反馈的接收平台，通过媒体的力量架设民意沟通平台，收集分析民众的意向，让民众的声音得以传播，有效地推动"一带一路"倡议的实施，使沿线国家能在"一带一路"倡议中获得长远发展，实现合作共赢。

结语

"一带一路"倡议凝结的是中国全民的智慧，也是中国领导人富有积极意义的政治决策。从政治理念上来说，"一带一路"是中国政治发展的蓝图，但在政治传播理念中，"一带一路"倡议不应该单独的聚焦政治，让政治穿上传播的外衣，而应该视界融合，以中国为核心点，将政治化为基石，传媒为着力点，向经济、文化、科技与交通等领域延伸。

政治和传播的"视界融合"的新思路，着重强调了政治作为基础，传播作为着力点。因此，在"一带一路"倡议中，以政治为基础的根基是不变的，以传播为着力点，实现具有中国特色的政治传播方式，逐步将"一带一路"推向全球化，并力求让不同的国家、民族、信仰和价值观能够紧密联系，共建命运共同体，多方达成共识。只要在这样的基础上，"一带一路"倡议才能被受众所接受。

参考文献

[1] 荆学民,施惠玲.政治与传播的视界融合:政治传播研究五个基本理论问题辨析[J].现

代传播,2009(4):19.

[2] 新华网:一带一路"内涵丰厚意义深远,国际频道[EB/OL].[2015-3-29].http://news.xinhuanet.com/world/2015-03/29/c_127632204.htm.

[3] 郭庆光.传播学教程[M].北京:中国人民大学出版社,2011(2):43-44.

[4] 严文斌.中国政治传播的全球意义[J].现代传播,2015(9):77.

[5] 新华网:"一带一路"媒体传播联盟成立,国际频道[EB/OL].http://news.xinhuanet.

美国传统媒体之媒介融合实践分析——以《纽约时报》为例

汤小花[*]

摘　要：伴随着网络及其他新媒体的蓬勃发展，"媒介融合"兴起，从传统媒体到新媒体，媒体作为传播信息的媒介也在不断地发展变化着。在新媒体爆炸的时代，广义媒介之间展开全方面的融合和抗争，由此催生了媒介融合文化。以《纽约时报》为代表的美国传统媒体也在不断尝试转变，虽然在转变过程中会遇到各种问题和挑战，但是也尝试着媒体的融合，寻求可持续的发展方向。

关键词：美国传统媒体；媒介融合；纽约时报

媒介融合概念提出于20世纪80年代的美国。其最简单的定义是将原先属于不同类型的媒介结合在一起。美国马萨诸塞州理工大学教授I·浦尔认为，媒介融合就是指各种媒介呈现出多功能一体化的发展趋势。美国新闻学会媒介研究中心主任Andrew Nachison将"融合媒介"定义为印刷的、音频的、视频的、互动性数字媒体组织之间的战略的、操作的、文化的联盟[1]。他强调的"媒介融合"更多地是指各个媒介之间的合作和联盟。

当新媒体冲击着现在的世界时，传统媒体面对新媒体的冲击不得不采取一些改变和对策。美国传统媒体从报纸到电视机构，都开始了改革和转变，

---

[*] 汤小花，时为北京印刷学院硕士研究生。

许多媒体机构认识到与新媒体竞争的同时更需要和新媒体融合，只有共同进入全媒体的形态，才能够满足当今受众各种层次的信息和娱乐需求。

一、《纽约时报》的媒介变革与融合

长期以来《纽约时报》作为拥有相当的影响力、良好的公信力和权威性的美国代表性报纸，在互联网时代遭遇了发行下滑、广告下降、收益欠佳的困境。近20年来，它也一直在不断尝试进行媒介融合，寻找自己能够继续生存下去的发展方式。它注重技术、整合与新闻传播；分析用户，发掘受众；探索互联网互动、互联和互交的特性；用互联网思维来创新与传统媒体的融合，成为传统报业媒介融合的领头羊。*Page One: Inside the New York Times* 中曾提到"人们接受新的工作方式，是因为世界已经改变了""这是一种混合模式，我非常认同新闻业是一个公共品，如果是公共品，那么就要以全新的态度来支持新闻业"[2]。媒体业的媒介融合改变的是将内容带给读者的媒体形式和途径，跟随信息时代的数字化发展，对新形式的把握和经营模式的改变是传统媒体存活的关键。

2013年4月，因《雪崩》（*Snow Fall*）的全媒体报道获得了普利策新闻奖。它开创了一种新的报道形式，在线新闻网站与传统的纸面版本有很大的不同。《雪崩》是个多媒体项目，这组报道16位滑雪者在美国卡斯卡德山遭遇雪崩惨剧的特稿，并不是简单地将文字、图片和视频拼凑在一起的"报网融合"，而是充分融合了文字、图片、视频、动画和交互式图形等的新媒体形式。报道整体感觉简洁大方，自然不生硬，情景也很逼真。这种报道方式更加具有吸引力，因为它给观众带来了更加真实接近的感受，提供了一种多媒体交互的现场感体验。

除了多媒体的报道形式，《雪崩》的另一个创新在于其报道首发于网络而不是传统的报纸，网络发行三天后才在报纸上刊发。《雪崩》发行渠道的创新对于《纽约时报》这样的老牌报业来说无疑是开创了一个新的历史。这种电子渠道优先发行的战略，不仅为网站赢得了大量的点击量和浏览量，同时也为纸版报纸的发行做了前期的宣传和铺垫。这之后还推出了以文字为主的电子书，周末版的《纽约时报》也推出了特别报道。这组报道既创新了新闻报道的形式，用数字化的多媒体技术引起了更多受众的关注，也为报纸赢得了荣誉。资深媒体人马利克对《纽约时报》这一新媒体探索评价道："以这类型的数字化报道模式为起点，《雪崩》开创了一种新的商业模式，它重新定义了新闻报道。[3]"

在2014年5月，一份长达96页的《〈纽约时报〉创新报告2014》进入大众视线。尽管《纽约时报》在2013年4月因《雪崩》的全媒体报道获得了普利策新闻奖，但是这份报告还是提出了它在数字时代面临的困境和转型目标。它所要解决的关键问题是——如何让自己在数字化时代更好地存活下去。正如《纽约时报》执行主编Dean Baquet在给全体员工的一封信中讲的那样，"不要因为新闻业的动荡而让你忘记了我们多么优秀，正如多年的《纽约时报》的先驱者那样，我们将不遗余力地构建一个更好、更充满雄心壮志、更具创造性的《纽约时报》[4]。"

然而《雪崩》也存在一些不可忽视的问题。首先，《雪崩》这篇专题报道策划半年，事情发生在二月报道于十二月，新闻的时效性大大降低。此外，它的制作成本很高，有传言说这次报道耗费了25万美元。这种类型的报道能否收支平衡也是个很大的问题，显然靠这类报道根本不足以帮助报纸走出大量裁员和消减预算的困境。由此看来，这并不是一个可以长期使用的高效的报道方式。其次，交互式的呈现方式虽然能够吸引一部分受众，激发他们的好奇与好感，但是也容易被其他媒体模仿。如果一直重复使用这种方式报道此类型的新闻，就会慢慢地失去新鲜感失去吸引力，很容易让受众产生审美疲劳。所以这就需要借助多媒体手段继续不断地创新，不能一成不变，只有这样才能持续地生存下去。

《纽约时报》最值得称道的一点就是能够不断地适应社会的发展，不断地满足受众变化着的需求，引导受众理性的思考方向。只有在满足与引导之间找到一个平衡点，才能促进自身的不断发展。互联网式的操作应该是从源头上，就未必是专业记者个人根据经验判断，而是根据用户点击和关注来锁定的选题；从技术上，是利用新的技术手段不仅是要去展现报道的内容和形式，而是借助技术拓展一些新的内涵和外延；从用户参与度上，整个报道体现与用户的互动参与，并使这种参与互动产生新的价值。而以上正是传统媒体内容改革的方向，也是未来实现按需生产的基础。

二、新媒体的不足及改进方向

当然，新媒体也不是完美的，它也有自身的缺点。"视频已经被剪辑到难以获得完整内容的程度"这容易把信息交换变成倾向性报道。"我不知道他做得是否正确，在一个开放的社会，信息当然很重要，它对于人们作决定有着显著作用，但是同时有人可能会因此遇到麻烦。视频经过剪辑，没有呈现完整的故事，虽然以新闻形式呈现，但是媒介有议程设置的功能。"[5]此时，我们就"需要《纽约时报》来证明世界的存在。就如一个刻度精准的气压计，一个头脑清醒的评审员。如果地球还在运转，她知道时报会记录下每一天的要闻。"

"未来需要另辟蹊径，联合经济、搜索引擎、在线广告、公民新闻，如果不能与时俱进，就不可能找到出路。"非营利网站ProPublica专注于调查性新闻报道，通过很特别的方式，结合传统媒体，以最高效的手段发布信息。"我们的一举一动都会发布到网站上，但是对于大型新闻，会和CNN、60分钟、纽约时报合作报道。""人们接受新的工作方式，是因为世界已经改变了。"这是一种混合模式，笔者非常认同新闻业是一个公共品。如果是公共品，那么就要以全新的态度来支持新闻业。"即使是1000名博主的交流信息，也不可能给你提供一篇战地报道。有时记者必须亲自冒险，需要一些基本的设施和开销，他们得自己去搜集新闻线索。"这就很明显地显示出传统媒体和新媒体互相补充并且相互影响。正如公司主管数字战略的副主编阿隆·菲尔霍夫所说："我们要看未来的读者所在，我们得往读者去的那个地方去。"

三、传统媒体与新媒体融合

传统媒体和新媒体是相互排斥、相互依存的关系。新媒体与传统媒体之间既有挑战，两者也相互依存、互补升级。当新媒体冲击着时代、冲击着世界时，传统媒体面对新媒体的冲击不得不采取一些改变和对策。美国传统媒体从报纸到电视机构，都开始了改革和转变，寻找和新媒体一争高下的可能。同时，更多媒体机构认识到，和新媒体竞争的同时更需要和新媒体融合，只有共同进入全媒体形态，才能满足当今受众各种层次的信息和娱乐需求。

如今，在一派"唱衰"传统媒体的声音之下，新媒体似乎成了传统媒体的"掘墓人"。其实，传统媒体目前的处境，与十几年前戏剧面临的危机有某种相似之处。然而，几十年过去了，一方面，对戏剧产生了巨大冲击的电视的优势固然应予承认，戏剧的观众也的确在减少，但另一方面，电视和录像的崛起还给戏剧带来了新的艺术表现手段和观众。戏剧借助于现代化强有力的传播手段，进入了千家万户，这也是毋庸置疑的事实。现在，戏剧依然在熙熙攘攘的现代艺术世界里占据着不可替代的一席。和戏剧消亡论一样，曾几何时，电视的普及也曾使人担心纸质媒体将大大萎缩，而这几十年的事实同样表明，电视并没有对报纸产生很大的冲击，电视和报纸仍然是共同繁荣和发展的。这又是一个不容忽视的事实。在这种既定的生存环境下，传统媒体和新媒体必然也是相互依存互补升级的。

结语

历史已经证明，新技术带来的变革并不会使传统媒体消亡，广播的出现并没有摧毁报纸,电视的出现也没有摧毁广播,而他们都没有使图书消亡。新闻业的每一次新技术浪潮都推动了该行业的进步,促使双方面互相借力,促进优势升级,尝试着媒体的融合,寻求可持续的发展方向,催生新的融合发展。

参考文献

[1] 维克托·迈尔.舍恩伯格,肯尼思·库克耶.大数据时代[M].盛阳燕,周涛,译.浙江:浙江人民出版社,2013.

[2] 理查德·韦斯特,林恩·H.特纳.传播理论导引:分析与应用(第二版)[M].北京:中国人民大学出版社,2007.

[3] 陈虹.新媒体环境下的美国广播发展新趋势[J].现代传播,2009 (4).

[4] 杨旦修.媒介融合语境下电视剧内容生产策略 [J].视听专论,2010 (5).

[5] 杨继江.谁是新媒体[M].北京:清华大学出版社,2008.

从个人创作到自媒体的传播学解读——以头条号"清野剧评"为案例的实证研究

李琪瑶 许抄珍*

摘 要：自媒体的传播方式与传统媒体有很大区别，而不同的自媒体平台也有各自的传播路径，笔者通过对头条号"清野剧评"的分析，详细论证了头条号自媒体的传播路径与如何在头条号上打造爆文。

关键词：自媒体；传播学；头条号；清野剧评；传播途径

2016年9月，笔者在今日头条的头条号上开通了个人电视剧剧评账号"清野剧评"，最初只是想在一个平台上写文章，把看完电视剧的所思所想放在网上与人分享讨论。从开始的零粉丝，几十、几百的阅读量到现在的4460粉丝，单篇最高阅读量达266万。因为平日里关注的微信公众号，一篇文章能够达到10万+就已经是很不容易的事情了，前提是这个账号还必须是用户几万人以上的大号才可以。而头条号却可以轻轻松松地把粉丝基数少的一篇文章推送出去，达到很高的阅读量，笔者对此很好奇，便开始仔细摸索头条号的不同之处。在此期间，笔者从一个新手小白到开通头条广告挣钱，开通原创，逐渐摸索出了头条号的规律。笔者作为一个头条号作者的同时，也是一名新闻传播学的研究者，所以本文将利用传播学的知识分析头条号的传播形式，以及如何在头条号上利用传播学知识打造爆文。

---

* 李琪瑶，现为北京印刷学院硕士研究生；许抄珍，博士，副教授，硕士研究生导师。

一、今日头条的发展之路：从新闻客户端到内容生态平台

今日头条客户端于 2012 年 8 月推出，是一款"没有编辑"的内容推荐类应用。它本身并不生产内容，也不像其他客户端那样靠人工筛选新闻，而是采用个性化推荐引擎技术，通过海量信息采集、深度数据挖掘和用户行为分析，为用户智能推荐个性化内容。根据公开数据统计，截至 2017 年 1 月，今日头条日活跃用户超 6600 万，月活跃用户超 1.4 亿，日均使用时常超 76 分钟，日均启动次数超 13 次。

在内容分发上，今日头条创新性地提出"你关心的，才是头条"，把内容和用户个体需求一一匹配，主动推送，实现了内容一对一的精准传播和高效分发。其产品逻辑为：用户需求挖掘+全网内容聚合+智能匹配=个性化推送=高效分发如图 1 所示。

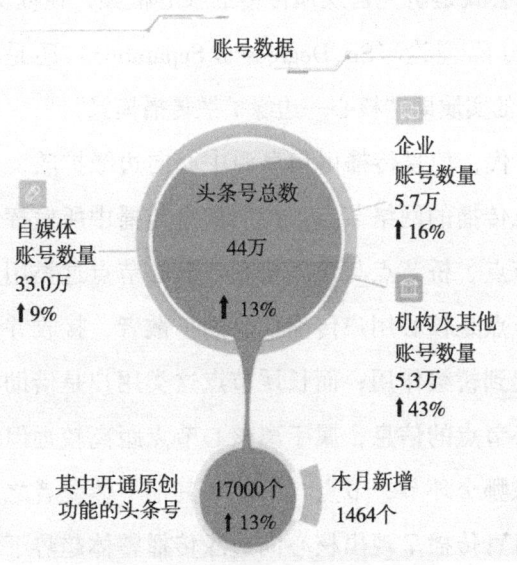

图 1 头条账号数据

数据来源:2017 年 1~2 月头条号大数据月度报告

2014年年底,今日头条推出了媒体平台——"头条号"。截至2016年12月,头条号总数是44万。其中,自媒体占33万,比以往增加了9%,企业头条号5.7万,比以往增加了16%,机构及其他账号数量5.3万,比以往增加了43%,开通原创的头条号数量是1.7万比以往增加了13%。"头条号"已经成为众多中央国家机关,各级政府机构及各类媒体机构的重要信息发布平台和自媒体内容创业平台。

基于机器学习、大数据挖掘、构建精准的内容分发模式,今日头条迅速获得了亿级的庞大用户群;通过搭建"头条号"平台,迅速聚集了海量的内容生产和提供方;通过内容匹配系统和广告运营系统,实现了内容和平台价值变现。

二、今日头条的传播模式

今日头条的传播模式为"核心—边缘扩散模式"。

拉斯韦尔公式是研究自媒体传播的核心框架,在社交网络传播理论中,不论是六度分隔理论(Six Degrees of Separation)还是150法则(Rule of 150),其蕴含的实质即"核心—边缘扩散传播模式"[1]。

自媒体时代,信息传播由信息源中心向边缘扩散,受众由异质化的个体组成了信息传播的网络节点。按照信息传播中所发挥的作用,这些节点又分为核心节点、桥节点与长尾节点。核心节点这类用户是某一信息生成的源头;桥节点是核心用户传播信息的扩散者,接收并评价、推荐核心用户的言论,起到桥梁作用;而长尾节点这类用户是借助桥节点的中介作用才接触到核心节点的信息,属于离核心节点距离较远但集起来规模巨大的长尾。不管在哪个环节,节点与信源和其他个体受者之间都存在讯息的交流和互动,讯息传播呈现出核心向边缘传播整体趋势下的多向性、扩散性和无序性[2]。

今日头条作为自媒体时代下的产物，其基本的传播模式是"核心—边缘扩散"，核心节点产生信源，通过桥节点向长尾节点无序扩散下去，但今日头条拥有跟微信公众号传播路径完全不一样的特点。

微信公众号主要是"圈子化"的信息传播，用户对自己感兴趣的账号进行关注，就像订阅报纸一样，每天接受它的推送，如果看到好的文章，可以分享给身边有共同兴趣的人，他们读完如果认为文章好，也会添加关注，这也为该账号积累了粉丝[3]。如果没有好友推送或者分享在朋友圈中，用户就不会接收到自己没有关注的账号的文章。所以，想要运营好一个微信公众号，写出爆文，最关键的因素就是粉丝的积累。而同样的粉丝数，一个号的每篇文章的阅读量都有高有低，除了内容好坏的因素，更大的因素在于标题。微信公众号的标题要取得朦胧抽象，能够引起别人的好奇心，让别人想点开知道里面到底讲了什么。

但头条号的传播路径是机器通过识别文章的关键词，把文章分发给对此类关键词感兴趣的头条用户，无须复杂的选择订阅就会靠机器猜出用户喜欢的文章。就算用户的账号没有粉丝，文章照样可以推送出去。要想在头条号上写出爆文，必须在文章标题内容等方面，结合头条号的传播规律进行改变[4]。

三、"清野剧评"实证分析

笔者开创的"清野剧评"，是针对当下热播的电视剧或是有一定知名度、趣味性、话题性的老剧进行点评的一个账号，文风可清新也可狂野。截至2017年7月1日，该账号共发了333篇文章，累计阅读量1630万。其中，10万以上的文章共有38篇，100万以上的两篇，阅读量分别为2664261、1865844。

结合头条号的推荐机制，以及对这38篇文章的详细分析得出，一篇文章要想得到高阅读量，必须在标题、内容和互动这几个方面下一番功夫。

（一）标题

内容是一篇文章的灵魂，标题就是一篇文章的外表，如果外表太邋遢、粗糙，就很难让引起兴趣的人去了解文章的内核。特别是在头条号里，文章的推荐主要是取决于标题里的关键词，好标题更显得尤为重要。

1.最基础的要求就是不能作标题党

不能为了吸引读者眼球，标题与内容完全不符合。读者被标题吸引，点进文章，大概扫一眼后就会迅速退出。机器会根据读者阅读的停留时间和有没有完成阅读判断是否有文章是否为标题党，如果确认为标题党，将会对这篇文章停止推荐。

2.好标题的重要要求是一定要凸显整篇文章的关键词

如前段时间特别火的电视剧《欢乐颂》，如果想对这部剧或者剧中的人物进行点评，必须要吧"欢乐颂"和剧中的人物名字凸显出来，这样机器才能识别关键词，把文章推向对"欢乐颂"感兴趣的用户手中。如果标题太抽象，没有关键词，机器就不能识别，也就不知道把文章往哪里推荐。

例如，清野剧评中高阅读量的最高的文章就是以《欢乐颂》为内容，标题为："《欢乐颂》小包总现实生活中有老婆了，'90后'一定认识他老婆。"这个标题里，涵盖了关键词：《欢乐颂》、小包总、"90后"。电视剧《欢乐颂》的热度是巨大的，当时小包总这个人物在《欢乐颂》中很受欢迎，他成熟魅力的外表下又有着磁性的嗓音，这吸引了大批粉丝。在此情况下，把"小包总"体现在关键词内，文章就会分发到关注小包总的用户手中，粉丝们看见这篇文章后，可能会想小包总还有老婆了？"90后"还一定认识？这就能调动读者的好奇心，文章的阅读量也自然上去了。

什么是失败的标题呢？很多微信公众号"大V"的标题，如果放在微信公众号里是很成功的，但如果放在头条号上就是失败的。例如，某大号的几篇文章：《开场五分钟男主就开始精神分裂，这部烧脑片结局屌爆了》《这么大的脑洞和尺度，这剧要火》《为这个妹子哭成狗，看第二遍哭的更惨》在微信公众号上都取得了不错的成绩,作为固定粉丝,笔者看见自己关注的号推送了这样的文章,会很好奇,什么烧脑片这么好?有多大的脑洞跟尺度?什么片能哭成这样?就会点开看。但如果把这样的标题放在头条号上,机器完全识别不了关键词,不知道把这篇文章推去哪里,文章很难达到高阅读量。

当知道运用关键词之后,就要在不断的实践中,把自己文章的标题取好,看看怎样的标题更加受人欢迎,能够带来更多的流量。

例如,笔者想要表示《欢乐颂》中五个女孩子谁都不太容易,有钱有能力的安迪害怕自己会患精神病,美貌的樊胜美有原生态家庭的拖累,富二代的曲筱绡也有自己的苦楚,头脑简单的邱莹莹感情受挫,看起来家庭和平美满的关关总是过于平庸。当时的很多文章是关于安迪、樊胜美、曲筱绡、邱莹莹的,而关关这个角色并不太引人注意。但饰演关关个演员,在文章发布前被挖出是个富二代,很有话题感。笔者就想从她的角度切入进去。于是,利用双标题的功能,同一篇文章取了两个名字。第一个是《〈欢乐颂〉五美谁都不容易,但其实关关是最幸运的》。第二个题目是:《你觉得〈欢乐颂〉五美,谁才是最幸运的那个人?》第一个题目获得了24.8万的阅读量,而第二个标题仅仅只获得15个阅读量。这证明了在涵盖关键词的基础上,标题还可以取得新颖,关注剧中一些小人物,毕竟小人物身上很可能也有大事迹,如图2所示。

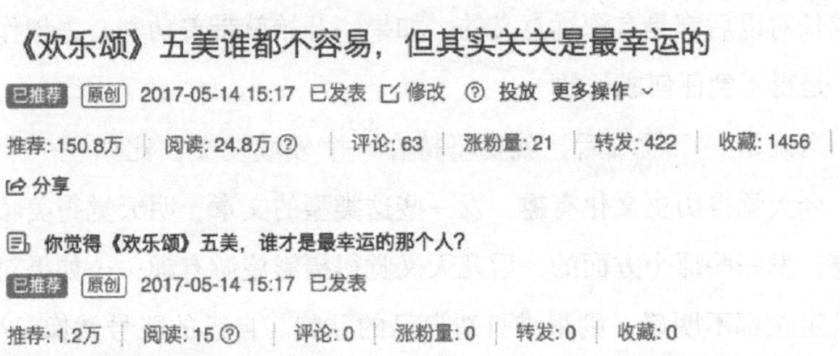

《欢乐颂》五美谁都不容易,但其实关关是最幸运的

已推荐 原创 2017-05-14 15:17 已发表 修改 投放 更多操作

推荐:150.8万 阅读:24.8万 评论:63 涨粉量:21 转发:422 收藏:1456

分享

你觉得《欢乐颂》五美,谁才是最幸运的那个人?

已推荐 原创 2017-05-14 15:17 已发表

推荐:1.2万 阅读:15 评论:0 涨粉量:0 转发:0 收藏:0

图2 《〈欢乐颂〉五美谁都不容易,但其实关关是最幸运的》阅读及评论量

数据来源:"清野剧评"后台

3.拟写标题可以与当下的热点结合

写一部热门的剧的剧评，如果这部剧的受众有30万人，文章就可以推给这30万人，而如果写的是一部鲜为人知的剧，可能只有几千人关注，也只能推给这几千个人。如果关键词用户的基数太小，那么文章的阅读基础就可能不是很大。但这也不是要一味迎合热点，迎合热点也要适度。

（二）内容

当读者点开标题看内容的时候，虽然已经成功了三分之一，但内容才是重中之重。入驻头条号成为一名作者，就是想要把好的内容传递给大家，虽然自己的账号可能是个人号，没有团队，没有专门的编辑审查，但自己要对发出的内容负责，内容发出之前，要自我审查，检查内容的真实性和完整性，不能造谣诽谤，文章结构不要有头无尾，文章内容不要有错别字。想做好内容，要做到坚持原创，坚持在垂直领域发文；文章有深度、图文结合等。

1.坚持原创，坚持在垂直领域发文

自己的账号要做自己原创的东西，如果全网的文章都相互抄袭，这样还有什么意义？所以在开号的时候就要想清楚自己想写什么，坚持不懈地写下去。在内容为王的时代，原创文章可能让作者看不见短期利益，但这对作者的成长对以后都是有深远意义的。如果一开始就带着功利心去创作，去做内容，是得不到任何成长的[5]。

当确定一个领域后，就要坚持在一个领域发文，比如说一个历史文化号，今天觉得历史文化有趣，发一些这类型的文章，明天觉得美妆穿衣打扮有趣，发一些那个方面的，后几天又觉得摄影旅游有趣……如果对自己的整个号定位都不明确，则很难打造自己的品牌。自己的账号就像一个杂货铺，什么都有，但什么都不精，这样是不行的。如果机器检测出来内容的领域混乱的话，会减少对文章的推荐量。笔者的"清野剧评"，一直坚持写电视剧，或者是当下的热剧，或者是怀旧的经典老剧，领域绝对不会乱串。原创过程中，可以自己去网上寻找素材，可以去演员的微博，看看有什么动态，网友有什么有趣的评论，各大电视剧的贴吧有没有可用的素材，甚至可以在自己的文章下面，把网友的评论看一遍，多接受观点，重新打开自己的思路。更重要的是，一定要坚持更文，间隔时间太长，机器将会减少对你的推荐量。

2.文章有深度、图文结合

这包括三个方面：一方面是文章的结构要完整，字数少的短篇文章最好为三段。要把一件事情讲清楚，要有头有尾。不能讲了一半，就拦腰折断，匆忙结束了。字数多的文章应该是有条理的，逐步深入，一步步引导读者看完文章，体现文章的魅力。另一方面，在内容深度上，某一个热点话题曝出来的时候，大家都还停留在表层的事件介绍中，文章要是能够在这件事讲清楚的基础上进行拓展，对事件发生的原因进行分析，搜集以往类似的事件，对事件的发展进行预测，那么这就是一篇有深度的文章。还有一方面在文章形式上，一篇优质的文章形式，不仅仅局限于纯文字，可以图文结合，也可以添加运用动图，通过图片增加文章的趣味性。

如笔者的文章："长大后终于看懂《情深深雨濛濛》，书桓妥妥地是渣男啊"。在纯文字进行分析的时候，还添加了当时《情深深雨濛濛》中书桓与依萍、茹萍聊天的图片，既使文章的表现形式多样，也增加了阅读的趣味性。如果一张图片没有，整个屏幕的都是纯文字，则很难吸引人看下去。

3.互动

头条号的传播路径是依靠机器将内容做一个精细的推送过程，但现在也拟融合微信公众号的特点，做成一个圈子化的社交媒体，作者跟粉丝可以在评论中互动，读者也可以私信作者[6]。"私信"旨在提供一种关注者和创作者的私密沟通方式，意在为头条号打造自己的社交体系，让创作者可以在今日头条收获自己的粉丝,并通过粉丝获得更多的收益,实现在头条号的粉丝积累,然后开始打出品牌,更像是微博的私信功能。

对此,通过笔者对"清野剧评"38篇10万+的文章分析发现,转发量与评论量很高的文章,阅读量就会很高。也就是说,文章的推荐量还取决于作者跟粉丝的互动指数。作者跟粉丝的互动度越高,文章就会得到更多的曝光率,见表1。

表1 "清野剧评"后台数据分析

时间	篇数	阅读量10万以上篇数	题目	阅读量	评论量	收藏量	转发量
2016.9.1—2016.9.30	7	0	—	—	—	—	—
2016.10.1—2016.10.31	8	0	—	—	—	—	—
2016.11.1—2016.11.30	12	3	《锦绣未央》里的九公主结局原来是这样	114091	35	391	46
			《锦绣未央》这几个演员丑得很让人出戏	181045	159	729	71
			细数目前《行尸走肉》剧中死去的人物,你最怀念哪一位	106986	540	651	369
2016.12.1—2016.12.31	35	7	终于知道《锦绣未央》视频中李未央牵的小孩是谁了	1865844	1086	6168	1622
			这个从不为情所困的南安王得了"初恋综合征"	142677	163	452	86
			《锦绣未央》厉害了,除了殿下王子还有一人爱未央如此深沉	422006	159	1193	151
			《锦绣未央》大结局,你真的觉得未央没有爱过南安王	788425	1523	4010	2736
			《锦绣未央》反派叱云南虽然坏但是帅炸了,真实年龄居然这么小	204209	292	855	116
			长大后终于看懂《情深深雨濛濛》,书桓妥妥地是渣男啊	536341	549	2324	1886
			杨蓉13字微博回复,已透漏此次《凤囚凰》换角大秘密打脸于正	104828	173	310	22

续表

时间	篇数	阅读量10万以上篇数	题目	阅读量	评论量	收藏量	转发量
2017.1.1—2017.1.30	28	5	南斗是《蓝色大海的传说》中,除了马大英以外最大的反派	209862	167	456	232
			什么叫作实力?《孤芳不自赏》ab两个面目表情能表演千百种感情	101800	580	413	187
			《蓝色大海的传说》鱼叉杀死聃聆美人鱼的不是马大英而是他	260010	71	503	139
			《漂亮的李慧珍》李慧珍放弃男二跟白皓宇在一起是最大的错误	106170	170	599	65
			豆瓣评分3.8,宝宝的《大闹天竺》真的这么难看	275639	854	827	432
			从11片段告诉你,为什么王宝强《大闹天竺》评分这么低	103170	307	338	78
2017.2.1—2017.2.28	83	6	天啦!我小时候都看了鬼剧?琼瑶阿姨三观感人啊	160527	253	636	183
			当年《神雕侠侣》的小龙女、郭襄如今是什么光景	177497	19	738	16
			《三生三世十里桃花》最美角色不是杨幂不是迪丽热巴,而是这个人	318601	305	842	71
2017.2.1—2017.2.28	83	6	速来讨论,《三生三世十里桃花》翼族吃饭为什么拿这么长的筷子	139981	87	334	32
			《三生三世十里桃花》夜华最后也用元神华祭了东皇钟魂飞魄散	126563	59	353	44
			你们不知道《大唐荣耀》沈珍珠被毒哑挖眼毁容,真的完全是自己作	629292	896	2319	349
			《大唐荣耀》林致遭受了这么大的痛苦,为什么一跟李俊说出真相	150087	123	676	87
2017.3.1—2017.3.31	38	3	深推扒当年巨红的8位偶像剧男主现状,你觉得谁最成功	209262	227	719	43
			90后快来用一个看过的电视剧证明你老了	108012	731	536	125
			谁说杨硕演技最差?《那片星空那片海》里的这个人更让人尴尬	165126	244	445	19

续表

时间	篇数	阅读量10万以上篇数	题目	阅读量	评论量	收藏量	转发量
2.17.4.1—2017.4.30	52	5	明晓溪的小说都快被拍完了,这次迪热巴的男搭档我超级喜欢	123617	120	588	28
			除了《三生三世十里桃花》中的夜华,还有一个人有着整容般的演技	112537	45	364	35
			《笑傲江湖》又翻拍,据说这是史上最丑令狐冲	250576	956	674	37
			《欢乐颂2》还没上,蒋欣的这部新剧昨晚就已经开播了	315514	131	727	21
			《择天记》里姚笛的造型,不到惊艳只是平	424103	573	801	44
2017.5.1—2017.5.31	51	8	现在都在骂琼瑶三观不正,那以前琼瑶剧为什么会大火呢	163949	574	941	166
			谁说琼瑶剧全都三观不正,这些剧你都没看过吧	113079	274	489	37
			《欢乐颂2》这么精彩但是好虐心啊,曲筱绡家还破产了	104179	32	426	138
			《欢乐颂》五美谁都不容易,但其实关关是最幸运的	248238	63	1456	522
			《欢乐颂》小包总现实生活中有老婆了,90后一定认识他老婆	2664261	550	6450	918
2017.5.1—2017.5.31	51	8	《欢乐颂》曲筱绡发朋友圈公开跟赵医生关系时,犹豫的真正原因	187755	74	609	89
			狗血!《欢乐颂2》邱莹莹后面被沦为小三,还惨遭应勤未婚妻暴打	227354	99	549	139
			幸亏错失了《凤求凰》,这部剧才是杨蓉的正确打开方式,太美了	119168	71	334	10
2017.6.1—2017.6.30	19	1	《欢乐颂》谢童跟关关真的不配,还记得《斗鱼》里女主的下场吗	113027	140	462	90

这也证实了头条号希望通过这样的方式,形成一个社交化媒体。在现代化社会,信息就是资源,而"圈子"就是一个功能强大的信息库,生活、工

作、娱乐，人们都需要聚集在某个圈子中。作者可以是别人的粉丝，也可能拥有自己的粉丝，互相评论，以社群化的方式进行互动。用户圈子并不是封闭的，圈子与圈子之间凭借发挥中介作用的桥节点得以连连，即便是这些不同的圈子或许并非志趣相投，但却依旧可能在某个六度空间中相互勾连，进行圈外开放式传播。这种传播形态保证了自媒体平台上信息得以大范围传播和扩散。

以前，几乎所有的头条号运营者都将头条号作为一个"流量平台"来对待。换句话说，他们看中的是头条的流量，可他们从不奢望在头条做出自己的品牌[7]。但今日头条最近一直在进行新的尝试，先是推出"微头条"来对战微博，引入很多明星、大咖，现又推出私信功能，粉丝可以和头条号作者一对一聊天，增加黏性。这无疑是对公众号的一种威胁。相比微信公众号相对封闭的属性，头条号更容易传播。只要内容好，阅读量绝对高，加上头条现在向圈子化的转型，这对于自媒体作者来说，将会是一次很好的机会。

总结

作为一名新闻传播学研究者，笔者从传播学的角度对头条号这个平台的传播规律进行了研究；同时作为一名头条号作者，笔者总结了8个月以来运营写作的经验与大家分享。运营一个平台，首先要明白这个平台的传播规律，但更重要的在于不断地实践，提高自己的写作水准，创造出优质的文章。我们不仅要打造爆文，更要传递好文、坚持原创，打造出属于自己的品牌。

参考文献

[1] 丹尼斯·麦奎尔,斯文·温德尔.大众传播模式论[M]祝建华,译.上海:上海译文出版社,2006.

[2] 喻国明,欧亚,张佰明,王斌.微博:一种新传播形态的考察——影响力模型和社会性应用[M].北京:人民日报出版社,2011:13-15.

[3] 代玉梅.自媒体的传播学解读[J].新闻与传播研究,2011(10):15.

[4] 孙信茹.微信的"书写"与"勾连"——对一个泰米族村民微信群的考察[J].新闻与传播研究,2016(10):25.

[5] 朱建华.媒体微信公众号与头条号传播对比[J].新闻前哨,2016(5):15.

[6] 洛飞.解读web2.0时代自媒体的传播新特征——兼谈"徐静蕾现象"的新闻传播学意义[J].东南传播,2009(6):30.

[7] 姚冬梅.从"今日头条"看如何打造个性化定制的公众号[J].新闻与传播,2016(8):23.

浅析微信公众号现状及发展策略

诸葛寰宇*

摘 要：调查显示，微信的月活跃用户已经达7.68亿。微信作为目前使用量最大的社交平台，其影响力已经不容小觑。但随着互联网时代的推进，微信能否在激烈的社交平台的竞争之中保持稳定的地位，能否改进不足，满足更多用户的需求是其发展的命脉。本文通过阐述微信的现状、探究相关问题，利用SWOT分析法对现有微信公众号的优势、劣势、机会和威胁这四个维度进行分析，为其发展提供一定的可行性策略。

关键词：微信公众号；现状；发展；SWOT

腾讯公司于2011年1月21日推出微信，仅14个月的时间，用户数量就突破了1亿大关。之后6个月，用户数又从1亿到了2亿。6年过去之后，微信用户数仍在不断增长。根据腾讯公司2016年12月28日发布的微信用户数据报告，微信的月活跃用户已经达7.68亿，将近50%的用户使用微信的日平均时长大于90分钟。微信已成为移动终端用户的重要接入点，微信公众号依托多媒体图文推送，互动方便、快捷等优势备受用户青睐。

基于此，微信公众号必然成为企业、自媒体人等的重要运营平台和传播主阵地。微信公众号将信息实时、准确地推送到用户，用户也可以通过关键

---

* 诸葛寰宇，时为北京印刷学院硕士研究生。

词检索功能直接搜索公众号内自己感兴趣的内容。通过这些功能，微信公众号可以更加准确地进行定位，从而为用户提供精细化的服务。

一、微信公众号的现状

（一）注重平台功能开发和高质量内容制作

一些微信公众号在信息推送等功能以外不断开发新的功能平台，在维持已有用户数量的同时力求带来更优质的用户体验。

通过微信公众号的自定义菜单的底部，用户的页面可以有一个独特的风格，用户通过直接点击，查看相关的内容，非常方便快捷。例如，人民日报自定义菜单设置，具有全国党报特色，符合媒体定位。与人民日报相比，澎湃新闻的自定义菜单分类更为详细，突出了与用户交互的特征。例如，澎湃新闻在设立《澎湖朋友圈》《大众大片》菜单后，又"头重脚轻"再次开启了"CEO理论""'大众化'质疑""澎湃家园"和"回归"4个子菜单。近日，微信团队宣布将允许一些有广告利润的公众号实现收费行为。微信公众平台功能的不断发展是提升用户体验的重要途径，而内容是微信公众号持久存在的保障。

（二）信息推送与用户交互并重，每个公众号的运行机制不同

与微博裂变模式不同的是，微信公众号基于后台推动、自动回复、一对一的通信等功能，交往的形式主要是信息推送与用户交互。现有的微信公众号运营模式是通过信息推送、相关活动，或通过后台、手动、自动回复与用户沟通。微信的崛起主要得益于新的运营方式和人际沟通的可能性。因此，微信公众号本质应是互动的，公众号的主持人和用户之间的沟通和对话是常态性的。

具体来说，目前的微信公众号广泛使用的操作形式如下：在微信背景

下，可以将消息发送给所有分组的用户，每个用户可以单独发送消息。订阅用户除了被动接收公众号外，还可以通过公众号的顶部关键字回复，主动获取完整信息。关注一个微信公众号，用户可以直接通过微信对话框进行对话，其信息将在微信公众号后台显示。在这种方式中，微信公众号的后台编辑器可以做一对一的沟通[1]。

在实际操作中，不同的公众号具有不同的运行机制，如消息推送时间和频率不同。具体应用到每一个公众号是为了防止过度的公共信息发送，微信公众号一天只能推送一次消息。但有些认证有特权的账号每天可以推送多条信息，如传统媒体的人民日报和CCTV新闻的注册号，每天可以推3~4条信息。与其他的微信公众号相比，其信息发布时间通常是固定的。例如，新闻联播微信公众号一般是每天3次进行新闻推送，分别在上午、下午和晚上各推一次。固定消息推送时间有助于培养用户的阅读习惯，增强用户黏性[2]。

（三）缺乏用户数据挖掘，账户推广力度不够

微信公众平台拥有大量的用户数据。通过挖掘用户的信息，获取用户阅读信息的习惯、阅读行为等关键词的数据，能为微信公众号运营商更好地了解用户偏好，提高信息传播效率，促进良性发展提供帮助，同时基于微信公众产生的用户数据，也可以用于微信公众影响评估、广告的深度挖掘、舆情分析等。但目前，用户数据挖掘的微信公众号深度不够，用户数据的深层次利用尚未形成。

不同于微博，因为微信平台本身的隐私功能，决定了微信不能像微博一样在短时间内通过沟通或者多层次的口碑传播吸引大批追随者。一些微信公众号的订阅者在关注公众号之前往往已经是这个公众号运营方的粉丝了。例如，一些媒体公众号开设之前便拥有大量的读者和受众，这些媒体的微信公众号的订阅者在很大程度上是媒体旧有的受众，只不过发生了一次受众的平台转移。因此，如何扩增新的订阅者是一个微信公众号需要着重考虑的问题。而对于一个没有用户基础的微信公众号来说，其账号的开通如何让用户

知道，如何让公众号所针对的用户知道有这个公众号的存在，是用户能否订阅公众号的前提。在现实生活中出现的情况是，一些公众号的开设后，其所针对的用户根本不知情。一方面是公众号的用户订阅数不足；另一方面是在信息需求不断增大的同时，用户找不到相关微信公众号。两个方面导致的信息不对称是对微信公众号推广的限制性因素，因此建设一个健康有序的微信公众号推广平台是其良好发展的前提[2]。

二、微信公众号的SWOT分析

（一）优势（S）

重视互动、信息传递方式的人性化。微信公众信息发布平台，打破信息传输的一般形式，信息传输形式不仅包括文本、图片和视频，还可以使公众和用户之间的语音信息像聊天一样，用户输入一个关键词或"语言提醒"，公众平台将有相应的内容进行回复。

成本低、发布形式多样。微信作为一个免费的软件，能耗低、发布的信息不需要支付昂贵的费用，通过微信公众平台，运营商可以直接把相关内容发送给订阅用户，不需要花费大量资源来定位受众。到目前为止，微信公众号涵盖了新闻、学习、旅游、体育等多个种类，用户可以根据自己的兴趣来订阅公众号。

用户阅读自由。用户只需关注某个微信公众号，其公众平台将信息通过一对一的形式发送给用户。用户可以根据自己的兴趣选择相关信息进行阅读。除本人以外的其他人，不会知道你关注了哪些公众号，以及你读过了哪些文章。对于想要分享主题的用户，可以转发、阅读或由自己的朋友决定转发给他们的朋友[3]。

（二）劣势（W）

用户定位不准确，内容混杂，同质化严重。一些运营商急于进入微信公众平台，但是没有做好充分的准备，没有考虑用户的实际需求。很多"心灵鸡汤"公众号靠低质量的、庸俗的话题来吸引用户。微信公众号的信息传输量有限，"一个人原创，九十九人抄袭现象"屡禁不止。不同平台上同一天的用户，不同的号码接收相同的信息，长此以往，势必影响微信的传播效果。

有很多的推送信息的信息质量低下，如"标题党"和铺天盖地的"广告信息"。一些运营商寻求的是用户的质量，而不是内容的质量和用户接收的底线。部分内容以标题吸引用户，但文章没有实质内容而是充斥了大量广告。大量的信息会对用户造成较为严重的干扰，被"骚扰"过多的用户会选择屏蔽或取消对公众号的关注。

（三）机会（O）

2017年5月17日，中国互联网协会、国家互联网应急中心在京联合发布了《中国移动互联网发展状况及其安全报告（2017）》。报告显示，2016年微信用户数量为10.03亿。微信作为一个有利于生活发展、信息获取的公共信息基础平台，掀起了一波手机热潮。人们越来越依赖手机，习惯了不出门，可以依靠移动电话业务来解决各种生活问题。随着微信公众号的功能增多，用户将越来越依赖于它[4]。例如，生活用电量查询、缴费、路况查询、银行卡信息查询等，用户都可以用指尖解决。用户需要一个处理平台，而微信服务的纵向发展就足以满足用户的需求。到目前为止，用户已经能够通过微信公众平台进行查询一些生活信息。但还有一些功能有待开发，这使微信公众号的开发充满了机会与挑战。

（四）威胁（T）

微信公众号快速发展的同时也产生了一大批内容质量较差的微信公众号，各个公众号之间不仅内容高度重复且内容没有实质性意义，单纯地为了吸引用户眼球增加其关注度，这样会使公众逐渐进入阅读疲劳期。总而言之，内容的重复率高再加上有些微信的内容低俗是微信公众号发展的致命威胁。

三、微信公众号的发展策略

（一）"内容为王"是关键

"内容为王"是微信公众号做大做强的关键。"内容为王"不仅是指文章要做精品，更要求其结合受众群体的不同，在语言风格、排版形式等方面吻合订阅用户的习惯爱好等。调查结果显示，用户最关注的微信公众号特点分别是"标题有吸引力""封面页美观""信息更新迅速及时"。这就要求在这个"眼球经济"的时代，微信公众号不但要靠质量上乘的内容吸引用户并增加用户黏性，而且还得结合用户心理制作一些吸引眼球的标题、美观大方的封面页，从而使其成为"吸睛"亮点。纵观各个领域排名靠前的微信公众号，对比期刊、报纸等传统媒体，其语言风格更加轻松活泼、更能抓住用户的心理特点满足用户需求[5]。

（二）依托品牌效应，加强与用户线上互动

微信是一个熟人间的社交平台，这对微信公众号的广泛传播提出了一定的挑战。因此，通过微信公众号创立品牌，利用品牌影响力来吸引用户，对微信公众号尤为重要。微信公众平台自身允许读者与平台进行互动，读者可以直接在平台内部留言，但是留言内容和得到的回复只有读者本人和平台可以看到[6]。具体方法是，读者可以在每篇文章底部进行留言，由平台内部进行挑选，只有精选的留言才能出现在文章底部让所有读者看见，此种做法限制了平台与其用户群进行沟通。此举也难以进行双向互动，因为只有被精选刊登在文章底部的留言才能够被作者本人回复一次，在这之后，双方并不能够在这条留言下进行再次回复，互动到此为止。同时，读者与读者之间只能

通过点赞的形式互动，没有更深层次的交流。所以需要建设更强大的互动方式，使读者不仅能与主持人交流，读者与读者之间也能即时地互动交流。

（三）专业化运作，形成新媒体的运营模式

微信公众号分层开发，也能满足不同用户不同的信息需求。但微信公众号需要专业化、规范化的操作。高质量的微信公众号背后有能力突出的业务团队。一个团队要有一个共同的经营理念、操作手法、扎实的业务知识和丰富的运作经验，才能持续提供高质量的内容[7]。微信公众号当前的主要变现模式仍然是传统思维，依靠接广告生存，这会伤害订阅用户并带来不好的用户体验，导致粉丝取消关注，造成运营困局。要突破这种局限，公众号的运营模式应该逐渐摆脱传统媒体的流量分发模式，并结合微信公众号本身提供的产品和服务，结合用户的标签属性，探索适合自媒体生存的商业模式。

总结

微信自从面世以来，其影响力越来越大，用户群体越来越广，在其强势的发展背景之下，也存在着一些值得思考的问题。在内容上来看，微信对于内容监管不力，因此，存在着一些低俗的内容；从互动上来看，微信确实加强了公众与微信企业的交流，但现在交流模式受限，互动性还不够强，难以满足受众需求；从运营模式上来看，微信的商业模式和监管还存在提升的空间，利用微信开发更多的功能，也会让企业的媒介融合越走越远。另外，在商业模式正常的运作之下，微信应该大力推动监管职能，保证健康有序的互联网环境。

参考文献

[1] 陈晓华.传统报纸使用微信新媒体的现状及问题研究[J].新闻传播,2013(1):14-17.
[2] 黄楚新,王丹.微信公众号的现状、类型及发展趋势[J].新闻与写作,2015(7):5-9.

[3] 薛可.微信公众号在我国的现状及问题[J].媒体观察,2016(6):59-60.

[4] 余秀才,童石石.微信的发展现状与传播问题[J].理论前沿,2015(9):31-35.

[5] 郎清平.微信公众号发展现状、问题及趋势[J].新闻战线,2016(5):33-36.

[6] 罗利琼.传统媒体微信公众号的运营现状及问题探析[J].新闻研究导刊,2015(12):13-14.

[7] 李彪,陈璐瑶.传媒微信:现状、问题及对策[J].前沿关注,2014(3):27-29.

[8] 杨中举,等.微传播研究[M].西安:西安交通大学出版社,2006.

从传播学视角解读英超联赛在我国的传播策略

李孟远*

摘　要：英超联赛作为当今世界上最受欢迎的体育赛事之一，在世界范围内有着极大影响力，这与其传播策略的成功关系密切。本文基于拟态环境、议程设置、跨文化传播和使用与满足的传播学理论，以传播学的视角分析并解读英超联赛在中国的传播策略及其足球文化的成功之处。

关键词：英超联赛；传播策略；足球文化

英格兰足球超级联赛（Premier League），通常简称"英超"，是英格兰足球总会属下的职业足球联赛，欧洲五大联赛之一，成立于1992年2月20日，由20支球队组成。英超一直以来被认为是世界上最好的联赛之一，快节奏、竞争激烈、强队众多，现已成为世界上最受欢迎的体育赛事之一，也是收入最高的足球联赛。从2016—2017赛季到2018—2019赛季，英国转播商总计将为英超联赛支付51亿英镑的国内转播费用，而海外的转播商则共计支付了超过30亿英镑。这样的转播收入甚至超过了其他欧洲四大联赛的总和。

据官方公布的数据，在刚刚结束的2016—2017赛季，英超20支球队将总共分到23.98亿英镑，其中有17支俱乐部奖金破亿[1]。每支球队均获得一份高达7915万英镑的奖金，再加上联赛排名奖金及转播场次分成，联赛冠军切

---

* 李孟远，时为北京印刷学院硕士研究生。

尔西队以1.50亿英镑排在首位，而垫底的桑德兰队分红也达到惊人的9347万英镑，与赛季收入最高的切尔西队只差了1.61倍。横向对比欧洲五大联赛，英超在收入和分成上是强弱差别最小的一家，德甲在这方面是2∶1，法甲为3.5∶1，意甲为5∶1，西甲则是8∶1[2]。比赛季2016—2017赛季英超各队赛季分成表见表1。

表1　2016—2017赛季英超各队赛季分成表　　　　　（单位：万英镑）

联赛排名	俱乐部	名次奖金	保底分成	国内转播	海外转播	商业分成	总收入
1	切尔西	3883	3283	3530	3909	476	15081
2	托特纳姆热刺	3689	2942	3530	3909	476	14546
3	曼城	3495	3283	3530	3909	476	14693
4	利物浦	3300	3396	3530	3909	476	14612
5	阿森纳	3106	2942	3530	3909	476	13963
6	曼联	2912	3283	3530	3909	476	14110
7	埃弗顿	2718	2146	3530	3909	476	12780
8	南安普顿	2524	1806	3530	3909	476	12245
9	伯恩茅斯	2330	1578	3530	3909	476	11824
10	西布朗维奇	2136	1351	3530	3909	476	11402
11	西汉姆联	1941	1806	3530	3909	476	11662
12	莱彻斯特城	1747	1919	3530	3909	476	11582
13	斯托克城	1553	1238	3530	3909	476	10706
14	水晶宫	1359	1692	3530	3909	476	10966
15	斯旺西	1165	1238	3530	3909	476	10318
16	伯恩利	971	1238	3530	3909	476	10124
17	沃特福德	776	1578	3530	3909	476	10270
18	赫尔城	582	1238	3530	3909	476	9735
19	米德尔斯堡	388	1578	3530	3909	476	9882
20	桑德兰	194	1238	3530	3909	476	9347
合计		40774	40774	70604	78181	9519	239851

数据来源：英超官方

在英超强大的商业运营能力背后,是英超全世界的亿万球迷。据统计,全球英超球迷数量已经突破12亿,相当于1个印度或4个美国的人口数。而全球英超收视人次则达到了42亿人次。其中亚洲球迷(包括澳大利亚)的球迷数量达到了5.84亿,而收视人次更是达到了9.74亿。在我国四大门户网站新浪、搜狐、网易、腾讯体育版中,无一例外地将英超安排在页面的显著位置,以期最大限度地吸引受众。

产生这一结果的原因有很多。首先,讲求力量、速度和拼抢的英式足球更加刺激、吸引观赛者;其次,英超良好的投资和管理运行环境吸引外资注入,其金元政策也吸引到了更多高水平外援加入,进一步提升了联赛水平;再次,凭借其全方位、多层次的传播策略,英超在宣传、传播方面有着得天独厚的优势,这在世界范围内扩大了英超联赛的影响力。本文将着重分析英超联赛在我国的传播策略并解读其带来的足球文化。

一、英超联赛在我国的传播策略

(一)传播主体

传播主体也称为传播者,是传播活动中的第一个要素,是使传播得以实现,传播媒介得以发挥作用的一大要素,是传播信息内容的发出者,是对传播过程产生直接影响的重要因素[3]。除报纸杂志、电视、网络新媒体这样的媒介传播主体之外,英超联赛自身的组织管理是联赛传播主体的中心环节。

值得一提的是,英超赛事直播的传播信号是转播商统一发送至各播出机构的,所以观众无论是观看电视、网络直播,还是赛后视频报道、集锦都使用的相同的视频,这就使英超比赛的传播水平显得尤为重要。英超作为欧洲最早使用16:9转播制式进行直播的足球赛事,比赛直播清晰、色彩饱和度更高。同时,英超联赛的各种数据全面而及时,直播镜头交代清楚又不失艺术化风格，呈现出英超凌厉激烈的比赛特点。这种高水平的结构性传播特质有利于吸引受众，更好地传播比赛主体的原貌。

（二）传播策略

英超联赛的传播策略在很大程度上提高了其传播效果，在为广大的英超球迷队伍提供越来越优质的内容与服务的同时，也吸引了边缘或非英超受众成为英超爱好者。在实现这一目的的过程中，不同传播主体的做法都符合了三个传播学经典理论模型，即拟态环境的构建、议程设置与跨文化传播。

1.拟态环境的构建

拟态环境是美国20世纪著名报刊专栏作家、政论家李普曼提出的概念，其核心是揭示我们头脑中形成的世界图景与客观真实世界的不一致。李普曼认为，由于现代社会太大太复杂，个人直接的经验性感知有限，因此我们头脑中关于客观世界的图景主要是通过大众媒介间接形成的，是一种被媒介构造出来的"拟态环境"，它将我们与真实环境隔离开来。这个"拟态环境"压缩和扭曲了真实环境，但我们却将其当作真实环境本身来看待并对之做出反应[4]。

同欧洲其他足球联赛相比，英超在战绩和球队实力方面并不具有明显的优势，特别是近几年在欧洲战场与其他欧洲大陆豪强球队的对话中更是屡屡受挫，但英超目前却依旧是无可争辩的商业价值之王。笔者认为，这在很大程度上得益于英超构建拟态环境的能力。各种类型的媒体极力为英超构建适于传播的拟态环境，不管英超的真实水平是怎样的，媒体都意在让中国受众感到英超不但是最佳联赛更是最值得观看的联赛，让受众对英超的忠诚度和美誉度上升。

首先，英超联赛素来重视亚洲市场与球迷。为了照顾亚洲观众的观赛时间，很多重点比赛都选择在英格兰当地中午时间开球，而亚洲地区正处于晚7时到11时的周末黄金时段，在方便观赛的同时也传递了英超联赛官方对亚洲球迷的重视和信心。近两年赛场边LED广告牌上越来越多的中文、日文等亚洲国家文字的广告信息频繁出现，更是拉近了受众与英超的距离，使受众对英超联赛的心理好感度得到了提升。这构建了一种英超重视亚洲球迷与亲和友好的拟态环境。

其次，英超的话题性和娱乐性也高于其他联赛。无孔不入的英格兰媒体几乎将英超赛场内外一切的细节曝光给广大受众，并且无时无刻不在制造着新的话题与娱乐新闻，甚至不乏球场暴力与球队内讧等严肃和负面话题的报道和传播，而我国的各大英超论坛和相关微博也会跟进和讨论。这些事件和媒体的报道态度也透露出媒体对于英超传播策略在于维持其高关注度的拟态环境，而受众也可以获得他们想获得的周边新闻，特别是在当前新媒体环境下受众整体参与度很高的条件下。

此外，各种媒体特别是网络、手机媒体在报道英超时，都无一例外地将英超相关内容放在最为显著的位置，使用最大的篇幅对其进行报道。而且在网站导航一栏中，各大门户网站都将英超板块与体育版块直接并排放置，这都体现了网站对英超的重视，同时也是希望以报道篇幅和版面设置这样一些形式凸显英超的重要性，构建一种英超比其他联赛更为精彩、更为重要、更值得关注的拟态环境。

2. 议程设置模型

如果说拟态环境是对传播活动提出某种隐喻式的宏观基调，那么议程设置则是针对具体传播活动提出的提高受众关注度的手段。

媒介的议程设置是指媒介有能力将公众的注意力聚焦于一系列获得解释与受到限制的、经过选择的问题，同时忽略其他问题，其结果就是某些话题在超越媒介的公共领域得到广泛讨论，而其他话题则被忽略[5]。议程设置一般可以分为三个部分的线性过程。

首先，必须设定媒介中将要被讨论的问题的轻重缓急，即媒介议程。豪门林立的英超联赛几乎每一轮比赛都会有更多的焦点战役，各大媒体在选择内容排序时将与把英超相关的内容排到头条位置，使英超的比赛和报道更显著、更易被受众选中。这种人为的置顶会使受众接受一定的引导，使英超能够先于其他联赛进入受众讨论的渠道中。其次，设定媒介议程在某些方面影响公众观念，即公众议程。每当英超迎来焦点战役或豪门对决的赛事之前，对战双方的近期状态、过往交手记录，特别是两队的各种恩怨情仇都会被大肆渲染，并以文章数据、图片新闻和视频集锦等形式迅速呈现。这使受众在选择比赛的同时，可能带有同仇敌忾的情感情绪，这种情绪反过来影响受众对英超联赛的认识和看法，并且多为正面和积极的。最后，公众议程在某些方面影响政策制定者重视的事物，即政策议程。英超赛事的转播者决定着英超传播议程的设置，他们根据受众对英超的喜好度和需求决定了英超信息的内容和数量。新英体育作为现阶段英超联赛在中国大陆独家版权的拥有者，在吸取前任的版权拥有者天盛的失败教训的同时，逐步建立起了一套兼顾受众与不同传播主体的内容分配模式，有效利用了免费与付费两种不同的机制，并逐步让一定数量的中国大陆英超球迷接受了收费观赛的模式。这是传播主体所承担的政策制定者地位的体现。

3.跨文化传播模型

跨文化传播，既是处于不同文化背景的社会成员之间的人际交往与信息传播活动，也涉及各种文化要素在全球社会中迁移、扩散、变动的过程，及其对不同群体、文化、国家乃至人类共同体的影响。其目的主要在于最大限度地消除文化背景差异造成的交流障碍，提高文化传播效率。要切实做到这一点，就应该在对外文化交流中做到合规律性与合目的性的统一。

英超联赛在中国的传播就是典型的跨文化传播。英国作为现代足球的起源地和现代职业联赛的诞生地，足球早已渗透进英国社会不同的民族和阶层之中。即便在商业化和全球化的今天，英超联赛仍然植根于英格兰人深切的足球情怀之上，构成了英超特有的足球文化。而在中国，由于足球运动的普及度不高，以及文化观念上的区别，中国球迷可能无法理解英格兰当地球迷的态度与热情，这在一定程度上造成了中国球迷和英超文化的距离感。

针对这种情况，我国媒体采用了一些方式来弥合中国受众难免存在的文化眩晕现象：如以深度报道的方式来帮助读者全方位了解不同的文化背景；制作优质的英超文化体验专题片，以中国人的身份走访英超各大豪门并力求带来原汁原味的足球文化；在关于英超的体育新闻报道中不时引用当地媒体的报道；组织英超球队来华进行文化宣传活动，参与中国基础足球教育的建设，帮助球迷零距离接触现役球员或传奇球星等。通过这些视听文字和亲身参与的方式，可以让不同文化背景下拥有不同足球文化的人能够最大限度地理解不同联赛水平和氛围的差异与原因。

二、受众研究视野下的英超足球文化

英超联赛自创立之初，已经收获了大量受众的喜爱，其在传播学意义上的成功，可以用传播学经典的使用与满足理论来充分解释。可以通过研究受众观看英超联赛的动机和目的是否获得满足，来确定传播效果的有无和大小。从使用与满足理论的角度考虑，英超足球文化的制造迎合了受众的需要。

（一）英雄情结的满足

英雄情结是人类内心深处最潜在的心理需要之一，是现实世界中遇到困境的人无力解救绝望时的一种心理寄托。相比于神话故事中的传奇英雄故事，现代足球营造了一种更加符号化、更易于普通平民接受的现代神话，球场上的精彩表现可以诞生出无数个英雄的时刻。在相互竞争最激烈与最经常创造跌宕情节的英超联赛，受众对英雄情结的需求无疑得到了更多的满足。

（二）逃避现实

相比其他联赛，追求激烈对抗和速度力量的英超给人带来了更加直接的感官刺激，使人能够在兴奋中感到轻松愉悦，暂时从现实生活的压力和不快中逃离。这种逃避现实需要的满足可以有效地调节受众的紧张情绪。

（三）本能的释放

体育竞技本身是人类攻击性本能的一种转移，在一定规则的制约之下，竞技场上的比赛就相当于战场上的厮杀格斗。高速的攻防节奏、人仰马翻的身体冲撞，甚至是犯规动作之后双方浓浓的火药味，将这些元素作为卖点的英超联赛无疑抓住了受众的这一原始本能需求。

（四）观剧心理的体现

足球赛场是一座备受关注的舞台，相比其他联赛的一家独大或是两强争霸局面，英超联赛的竞争无疑更加激烈。不仅总有六到七支豪门队伍参与到每个赛季的冠军争夺中，即便是联赛倒数的球队也时常爆冷击败传统强队。难以预测的比赛结果和扑朔迷离的争冠局势，让受众更容易沉浸其中并持续关注剧情的每一步变化，观剧心理得到极大满足。

结语

英超联赛作为全世界商业开发最为完备、职业水平最高的联赛，是中国足球和国内职业联赛值得借鉴的范例。客观来讲，国内的职业联赛在某些方面落后于英超，除竞技水平较低以外，中超联赛在联赛的传播影响力方面也无法与英超联赛比肩。但中超联赛可以从英超官方学习其对新媒体时代传播要求的掌控，注重各种传播策略的考量与使用，同时致力于提高自身的竞技水平和管理水平，善于制造媒体话题，提高比赛与传播报道的娱乐性和戏剧性，加大对于中国职业联赛的传播热情，利用本土优势和球迷求近不求远的心理打造属于自己的足球文化，吸引边缘人群或非职业联赛受众的关注。

参考文献

[1] Premier League value of central payments to Clubs[EB/OL].[2017-6].https://www.premier-league.com/news/405400.

[2] 英超20强奖金+分成公布 太有钱！第一惨烈联赛[EB/OL].[2017-6].http://sports.sina.com.cn/g/pl/2017-06-02/doc-ifyfuzmy0957466.shtml.

[3] 郭庆光.传播学教程[M].北京:中国人民大学出版社.2011.

[4] 李璀.廉政文化传播研究[D]长沙:湖南大学,2013.

[5] Maxwell McCombs，Donald Shaw.大众传播的议程设置功能[J].舆论季刊,1972.

[6] 刘韬,彭立群.从传播学视角解读体育文化[J].体育科学研究,2006(3).

[7] 单波.浅议跨文化新闻传播[J].湖北大学学报(哲学社会科学版),2003(2).

[8] 刘然,闫翠萍,章颖.足球文化的传播解读[J].青年记者,2005(2).

[9] 路云亭.足球的观剧效应[J].体育与科学,2015(3).

[10] 孟建.视觉文化传播:对一种文化形态和传播理念的诠释[J].现代传播,2002(3).

基于博物馆场景的代际传播范式创新研究

屠蔷 张聪*

摘 要： 代际传播内含于人际传播之中，是指具有代际关系的相邻两代或几代人之间的传播。而父母与未成年子女间的代际互动，则是博物馆场景中的"主要代言人"。本文通过访谈和观察的方式走进博物馆，从博物馆参观者的个体特征入手，进而探索观众走进博物馆的需要和诉求，以传播学视角探究博物馆场景中出现代际传播障碍的原因，分析更高效完成代际传播的措施。

关键词： 代际互动；博物馆；传播

一、研究方法和假设

新媒体对家庭的代际关系或亲子关系产生的影响越来越明显。已有研究表明，手机、电子产品、社交网络等对新时代的代际关系影响巨大。近几年，国内外已有相关对家庭传播（Family Communication）或者称为代际传播方面的研究，国内主要从手机对代际关系的影响、社交媒体对大学生与父母关系的影响等方面给予了关注。但是对于青少年，特别是10岁以下的青少年

---

* 屠蔷，现为北京印刷学院硕士研究生；张聪，博士，现为北京印刷学院新闻出版学院讲师。

和6岁以下幼儿的亲子互动或代际传播的研究较少。

　　这类代际传播的主体，父母一般是"80后"。这些父母大多是独生子女，受过良好的教育，有独特的生活品位，对于子女的教育也极为重视。与"70后"不同，他们对网络和新媒体的接受程度更高。而在子女的教育中，"80后"父母最大的困惑可能是如何让孩子远离手机、ipad、电视；如何消除新媒体对孩子身心健康的影响；如何更好地利用这些新媒体技术进行教育、传播和影响子女。在现实的选择中，"80后"父母除了带孩子去游乐场、公园等一些传统的公共空间，博物馆越来越多地成为代际传播的场所。

　　本研究结合社会现实与自身经历，选取了10岁以下儿童与父母这一特定的具有代际差异、对新兴媒介的使用态度和行为都有较大差异的人际交往对象进行分析，力图通过实验、观察、深度访谈等方式多方面展示"80后"父母与子女在博物馆场景中进行代际沟通交流中的特点和差异，探讨基于博物馆场景下的代际传播应如何发展、勾连。本研究着重分析如何利用新媒体技术，更好地利用博物馆传递感受、态度、信念和看法，从而更好地进行代际传播。

　　在人们的交往互动中，相互传递和交换着知识、意见、情感和观念，从而产生人与人之间的互相认知、互相吸引、互相作用的社会化关系。本次访谈和观察的重点定位在父母与孩子这两个群体，看看博物馆里亲子活动玩什么？怎么玩？

　　本研究小组选择故宫博物院、国家博物馆、中国天文馆、古动物馆、首都博物馆、海淀公共安全馆等10余家博物馆，进行实地探访和观察实验。每家博物馆采访了5~10名家长和儿童。本研究为了方便收集数据，将采访回答都列为"是"或"否"。

　　采访提纲如下：

　　（1）您认为博物馆的主要功能是否为学习？

　　（2）您是否懂得在博物馆中如何与小朋友交流？

(3) 参观过程中，您或小朋友是否会出现厌烦情绪？

(4) 您或小朋友是否更喜欢"多姿多彩"的展陈方式？

(5) 您或小朋友是否更能接受专业人员的讲解？

二、发现的问题

（一）从父母视角来看

综合上述五个问题和在场观察，笔者认为，在代际传播中主要的问题有如下几个方面：其一，家长还是固有地把博物馆当成是让孩子学习、长知识、增见识的地方。其二，面对繁杂的历史文化知识，家长不清楚到底应该如何与孩子交流。

在采访中，家长不约而同地产生一些困惑，如自称来"看孩子"的李女士说，在博物馆真是不知道应该如何与孩子交流，给孩子讲述自己了解的东西时孩子会走神不在意，孩子感兴趣的内容家长又不清楚，甚是无奈。在笔者观察的6个小时中，家长"一带一"给孩子全程讲解的现象确实没有出现过。

据北京的王女士说："'80后'当了父母更喜欢带孩子去'洋气'的地方多看一看。有了儿子以后，带他去过苏州园林博物馆、西安博物院、敦煌莫高窟还有北京大大小小的十多个博物馆和体验馆。"交谈中，王女士表示游历了这么多博物馆，感触最深的还是敦煌莫高窟，着实被莫高窟数字展示中心放映的球幕电影所震撼。

家住大望路的傅女士说："一放假，孩子就闹着要出去，由于住得离首图和国博倒都不远，孩子愿意去，当家长的那必须得陪，咱可不能拦着孩子学习是不是。"

此外，笔者走进博物馆还发现了一个有趣的现象：大部分家长或手拿把扇倚靠在墙角，或三五围坐低声分享养儿经验，俨然一副"拎包工"的即视感。据这群"拎包工"说:"不是我们懒,是真不知道该怎么和孩子一起逛博物馆,还不如让他跟同龄的小伙伴一起玩,我们还省心。"还有个场景也不得不提,在博物馆里最常见的场景莫过于父亲把小朋友举过头顶,拨开人潮,试图让小朋友有机会与陈列品多几秒目光的交会。

王女士6岁的儿子刚参加完儿童体验活动,小朋友说:"博物馆里可玩可看的太多了,而且好多东西平时在电视、IPAD、书中根本看不到,也没有人给讲解,这个地方很奇妙。"在与小朋友们的交流过程中,笔者发现他们从未把博物馆当成一个获取知识的场所。这也就解释了为什么小朋友们并不排斥来这个在家长眼中看是学习场所的博物馆。小朋友眼中看到的不是这个展品,那个瓷器,而是展陈品背后的故事,或者什么图案引发了他们的想象。

(二)从孩子视角来看

笔者认为,孩子对博物馆的认知好坏参半,小朋友对博物馆产生抵触情绪的原因有三:其一,小朋友对陈列区阴暗的灯光布局感到害怕,甚至出现抵触情绪;其二,对展陈品短短几秒钟的视线接触提不起他们的兴趣;其三,部分家长希望孩子能和同龄人接触,而选择在一旁"拎包"让孩子独自探索博物馆。这三个问题导致孩子对博物馆或多或少产生抵触,甚至厌恶的情绪。

三、研究发现和解决方案

(一)新媒体元素的勾连促进代际传播

通过访谈发现,新媒体的展示对代际传播的沟通起到了重要作用。海淀公共安全馆最受欢迎的项目是4D电影和穹幕电影、天文馆的答题体验和古动物馆的3D体验区。这些受欢迎的项目有一共同点,就是借助了新媒体元素。

博物馆里的那些高科技唤起了小朋友的兴趣，如首都博物馆里的VR眼镜、古动物博物馆里的AR展示、与恐龙一起拍照、在国家博物馆里的儿童课程、在汽车博物馆里的开汽车游戏等。正是这些新媒体元素勾起了代际传播的兴趣，虽然有的体验项目需要排队，但家长正好可以借这个过程给小孩子讲解知识，简单解释体验区的自然科学奥秘，小朋友体验过后便产生了兴趣，自然也就愿意听。

虚拟现实技术在刷新艺术价值的同时，也让代际传播成为可能。笔者在对北京故宫博物院官微咨询时了解到，VR技术已成功打通观赏艺术的途径和创作艺术的方式，2017年2月举办的《明清御窑瓷器——故宫博物院与景德镇陶瓷考古新成果展》中，观展者戴上VR眼镜，便可从红墙绿瓦的紫禁城穿越至江西景德镇的考古现场，烧造瓷器的窑炉、匣钵、散落在工地现场的瓷片尽收眼底。

此外，笔者在2016年8月曾前往敦煌莫高窟一探了这"飞仙"的究竟。在进入莫高窟核心景区的必经之路上，一座球状和线条混搭的建筑拔地而起，黄色的外貌和周围的戈壁浑然一体，这便是莫高窟数字展示中心。为在限制游客游览时间的同时提高用户体验效果，莫高窟制作了两部主题电影，一部为《千年莫高》，帮助游客了解其历史沿革；另一部为在球幕影院播放的《梦幻佛宫》，游客需倚靠在45度倾斜的座椅上放眼望向360度的空间，影片栩栩如生地展现洞穴、佛像、壁画等影像。两代人仰头仰望处子的梦，当飞天升起来，在灵魂的最深处，遥望守护那个千年的回眸。

技术手段使观展不仅从二维视角转向三维视角，更能让父母与孩子两代人共同参与其中，从不同角度欣赏展品这一过程。作为一种应用于博物馆的媒介手段，其最大的价值是为两代人共同观展提供了一种"算法"、一种方式，填充代际间审美意趣和审美想象的不同之处，使其全身心投入到观展才是技术的灵魂。未来，如何让技术为导赏所用，加深不同代际观众对展陈品的感知与理解，考验着博物馆在展览策划与呈现方面的投入。该怎样以技术为核心打造出让孩子不抵触、家长不陌生的艺术感受，仍需要博物馆布展者探索孩子眼中对未知世界的好奇和家长记忆的深处，充分发挥技术在博物馆观展过程中的属性和价值。

（二）专业的人员讲解和组织推动代际传播

真正的代际传播是高效的互动和高质量的陪伴。参观博物馆时，志愿者或专业人士的指导和指引也尤为重要。那么，如果是专业的组织和机构带着"亲和子"共同领略文化之风，是否会提高代际互动的制效呢？

俗语有云"读万卷书，行万里路"，中国古代文人一向将游和学相结合，保研学之风，孔子56岁率众弟子周游列国考察风土人情，留存文化笔记，可称得上是研学旅行的先行者和典范。旅圣徐霞客行经34年游历自然风光和人文景观，终著《徐霞客游记》。现代的"研学旅行"一词来源自日本明治维新时期，目前在日本中小学教学大纲中仍要求中小学生每年在全国甚至在世界范围内完成为期10天以上的社会学习，通过强化对当地的文化资源的认知，提高自身的文化素养，以此谓之"研学旅行"。目前，我国的教育正在经历从应试教育向素质教育的过渡阶段，博物馆作为最直接的公众教育平台无疑是联通中小学校与研学旅行的传通中介。

笔者认为，效果最佳的方式是让博物馆与旅游部门积极合作，博物馆主笔参与到旅游路线的制定和规划中。一方面，研学旅行的主体是中小学生和家长，与旅游部门的合作能够提高旅行的安全保障，免除家长的后顾之忧。另一方面，文物作为历史文化的第一见证者，一定会成为人文研学旅行的重点。博物馆可以利用文化资源优势输出文化内涵和与之对应的历史知识、社会背景，研发出符合旅游市场需求的文化产品及服务，从而获取广泛的社会效应和经济效应。"游学"既可以满足子一代对知识渴求的需要，又可以为父一辈提供一个与孩子共享共游的机会。

在华盛顿儿童博物馆里有这样一句话："我听到了，就忘记了；我看见了，就记住了；我做到了，就理解了。"可见，无论是从传播制效还是从认知结构,只有体验式的培育才能产生实际效益。

(三)博物馆本身的布展和定位至关重要

数位传播时代的博物馆是一个具有超级 IP 的媒介,博物馆需要转变展览、陈列的传统思维,积极筹备、布局,以平等、热情的姿态迎接受众,而非树立文化高墙的特权。在代际传播互动过程中,除了两代间的交往互动,孩子与孩子,父母与父母,都不可避免地存在互动的机会和可能。因此,博物馆要顺应社交网络社群化、分众化的趋势,利用粉丝社群经济实现经济效应并带动社会效应,同时促进展品"变活"或者重新寻找展品,打造开放的平台,让文化成为兴趣与生活的一部分。博物馆还可以利用大数据,及时收集和分析用户数据,精准定制文化活动。

访谈中,笔者得知大多数到博物馆参观的人都是提前在网站上免费预订门票进入,或是机缘巧合加入某个博物馆活动微信、QQ 群,通过群内分享的信息赶至博物馆。另有少部分人会提前通过如糯米、大麦网、淘宝等 APP 购买在博物馆举办的特色展览和演出的门票。基于此,以互联网为传统中介的人际传播在博物馆外提前开始了传播,宣传和分享信息的微信群、APP 也就晋升为博物馆与受众的中转站。

如前所述,在人们交往互动中,相互传递和交换着知识、意见、情感和观念,从而产生人与人之间的互相认知、互相吸引、互相作用的社会化关系。

展陈品因价值被请进博物馆,在被贴上标签异化后封存在橱窗中,笔者认为博物馆要成为充满活力的负责任、有价值的机构,就应该让其藏品活起来。首先,要让藏品信息公开化后经策展—展览及相关周边服务,实现与观众的分享和对话。

四、博物馆功能的演进和价值转化

数字技术环境下,以博物馆为例的创意产业呈现出的新趋势是多平台多行业的竞合和共生。近年来，伴随互联网技术的普及发展，足不出户就有机会了解任何想要接触的信息，选择直接去博物馆观展的人日益减少，博物馆的观展人或者说消费者或许是进化得最快的参与者了。

依照传统价值链的概念，广义上的受众位于链条的终端，被动地等待展陈品传递到眼前，在经典的文化与媒介理论中，受众被看作被动的信息接受者。从符号互动论的观点看，受众不同程度地掌握着文化产品生产的管理，对文化产品做出情感反馈，并为之付费。因此，笔者认为探讨博物馆的功能需借由个体消费者的行动，让受众通过与外部信息环境及其他人的互动实现。

近年来，学界在持续关注大众传播、音乐传播、健康传播之余，也将触角伸至家庭传播。这方面主要包括父母与未成年子女的交往互动、夫妻之间的沟通交流等。本研究通过实地观察，关注父母与未成年子女的主要代际传播，即家庭中亲子间基于传播感受、态度和看法为主要特征的交往互动过程。

"我在书上看过，竟然看到真的了"，观众最初的兴奋感来自于对知识的"印证"。当"印证"的快感消失后，随之而来的定会是对艺术品的好奇和困惑，寄希望于进一步认识和了解。借助虚拟现实技术，父母与孩子两代人无须互相迁就，置身于艺术品中，体会仿佛为自己量身定制的展示，近距离、360度全视角观赏。现实中，由于各种限制而无法实现的遗憾都能得到弥补，为父母和孩子营造一个属于每个家庭成员的全新的浸入式展陈空间。

代际传播的有效互动离不开当下数字化、信息化、网络化的社会生活环境，这需要博物馆能够整合数字化媒体、技术，以用户使用感、接受感为核心，积极进行调整，不断开拓除展示陈列以外的社会功能，从而适应用户娱乐化、诉求化、精神化的多样性需求，将满足大众文化的价值追求作为博物馆功能演进的前进方向。新媒介环境下，人们被海量信息所充斥，想了解任何信息只需要"搜一搜"就可以找到答案。因此，笔者认为博物馆的功能应该顺应这种生态环境，从关注"物"向服务"人"转变。过去，博物馆倾向于关注展陈品的收藏和保护，而现在则应向对人的服务和教育转变。国际博物馆协会在1974年对博物馆的定义作了重大调整，首次将"为社会和社会发展服务"作为博物馆的职责写入定义。这充分说明，博物馆的社会服务意义愈发显著，在公众生活中提供服务、推动社会发展等方面也逐渐趋于主流。的确，当今社会下博物馆更愿意关注的是一种生活方式，只有推动博物馆与社会的互动关系，让博物馆融入社会发展过程中更多地关注社会变化、关注公众生活，才能真正探索出让博物馆以一种"生活方式"的姿态出现在大众视野中。

结论

随着消费社会的临近，博物馆的功能和价值悄然发生着改变，趋向成为一个活态文化的交流空间。博物馆已不再是展品展陈和市民休憩的驿站，而是趋于转为市民共享空间的传通中介。父母与未成年子女是博物馆场景中的"主要代言人"，通过访谈和观察的方式笔者发现，这个场景中代际间的交往互动略显不足。基于此，本文从三个方面提出博物馆场景下关于促进传播的可行性建议。其一，借新媒体元素的勾连促进代际传播；其二，专业人员的讲解和组织能够推动代际传播；其三，关于博物馆本身的布展和定位，力图让"兴趣"成为代际间的黏合剂。

参考文献

[1] 张卫东,贾琼.LAM资源与社交媒体的融合:基于国外的案例分析[J].图书情报工作,2016(12):38-43.

[2] 黄洋.博物馆信息传播模式探讨[J].博物馆研究,2012(2):3-7.

[3] 田钰新.浅谈博物馆与网络社群的关系[J].人资社科,2016(4):348-349.

移动互联网时代下的社群营销探究

黄雅丽[*]

摘　要： 移动互联网时代下，网络成为企业销售产品和传播信息的关键渠道。在营销活动中，人是核心部分。而社群存在的意义和目的就是实现人与人的连接，社群也因此成为连接企业和受众的关键。社群营销深入各行各业，成为一股不可忽视的力量。本文主要运用文献研究法，辅以案例分析法，试图探究移动互联网时代下的社群营销，以期为实践活动提供依据。

关键词： 移动互联网时代；社群；社群营销

福柯有一句名言："重要的不是产生于这时代的话语，而是产生了这一话语的时代。"毫无疑问，如今我们处于新旧媒体疯狂跟风转型、意见领袖取代传统把关人、技术赋权使各种话语激荡、交织的时代。

在这个时代，传统媒体经历几番如断崖式的滑跌，社交媒体逐渐兴起，相似的小圈层逐渐聚集起来，构建了一种新的营销方式——社群营销。移动互联网时代下，社群营销的关键在于"人"。基于此，思考如何与消费人群建立关系、进行有效沟通和做好连接，成为互联网高度发展时代的趋势。

---

[*] 黄雅丽，现为北京印刷学院硕士研究生。

一、社群与社群营销

(一) 社群概念界定

从词源开始寻找"社群"一词的内涵，该词由19世纪末，德国社会学家 Ferdinand Tonnies 提出的，其德文原意为"共同体，着眼于社会联结纽带"。该词最初被翻译的英文是"Community"，有"聚集"的含义，突出了其"地域性"的内涵。汤姆·斯丹迪奇在《从莎草纸到互联网——社交媒体2000年》一书中指出，灵长类动物会通过互助梳毛的方式来维持同盟关系，梳毛能带来快感，使群体内的成员建立起牢固的联系，有利于社会关系网的编织。在梳毛的过程中，通过言辞交流和行为互动，人类彼此之间可以了解社交圈子内自己没有直接目击的事情。从本质上来说，人是社会性生物，具有社交属性，分享是人的天性。由此可见，由人聚集起来的"社群"有古老的渊源。

戴维·波普诺在《社会学》一书中指出，社群即社会群体，它是一个社会学概念，指"由两个或者两个以上的具有共同认同和团结感的人所组成的人的集合，群体内的成员相互作用和影响，共享着特定的目标和期望[1]。"

为了便于研究的推进，综合前人观点和笔者的见解，本文将"社群"概念界定为：社群就是一群有着共同兴趣点的人，基于共同的社交属性聚集在一起。在聚集的过程中，群体内的成员产生了交往互动的社交关系。

(二) 社群营销的内涵

处在大社群里，任何人都可以各抒己见，相互分享观点和经验。任何人都能够在各种渠道获取他人分享的信息，并自发、无限制地进行传播。不同的人对某一产品或者品牌的印象，很有可能在社群中趋向一致，或褒或贬。

褒贬的评价再通过社群传播，形成一种不可阻挡的强大力量，这样的力量从线上影响到了线下，改变着企业的营销策略。

这里所指的"社群"，不仅包括线上的网络虚拟社群，也包括线下的活动社群。在互联网时代下，社群营销就是通过某一个媒介载体，聚集相同兴趣爱好或相似禀性的人群，通过产品或服务满足群体成员的需求。社群营销的目的是通过影响有限的人，触发社群运行机制扩大巨大传播影响力，从而打破线上和线下的边界，以最少的成本达成营销目的。

二、移动互联网时代催生了社群营销

移动互联网时代，媒介技术的进步打破了时间和空间上的限制，实现了人与人连接的可能。移动互联时代给予了个体技术和内容的赋权，人们可以在限定的空间内发表言论、交往互动，并真切感受到互联网技术所带来的交流随处可见、随处可得的奇妙世界。

这个神话世界催生了一个个小社群，社群内的朋友可以相互分享信息，群内的朋友又把信息分享给群外的人。通过各个社群病毒式的传播，信息范围不断扩大，并能在很短的时间内得到快速传播。一个企业可以通过社群传播，提升整个品牌的知名度，这就是移动互联网时代下社群营销的魅力所在。

2015年，北京三里屯优衣库试衣间的一段私密视频在网络上疯传，一分多钟的视频通过网站、微博、微信群和朋友圈，在短短两个小时内引起了过亿的疯狂转发，一夜之间刷爆网友眼球。一个事件能够在一夜之间传遍网络，家喻户晓。发生这一切的基础是数字互联网技术的高度发展和由此构建起的网络社群。"人"是社群营销的关键节点，是信息引流的重要因素。彭兰教授认为，在物联网、人工智能、云技术的推动下，一个万物皆媒的泛媒时代，正在来临。[2]

三、在移动互联网时代怎样进行社群营销

社群有一个古老的基础，就是原始社会时期的部落。到了互联网高度发达的时代，就演变成了基于兴趣或者互利共享建立的各类微信群、论坛甚至是基于线上社群组织的线下活动群等，这些都属于社群的范畴。

笔者结合经典案例，对移动互联网下的社群营销进行探究。

（一）培养社群共识，俘获受众"芳心"

现在的世界，是被发达的数字互联网连接成一个社群，这个社群是一个充满活力的有机整体。如前文所说，"社群"就是一群有共同社交属性的人通过某种媒介聚集在一起，从而产生交往互动的关系。它是一个个细胞化、有机化的小共同体。在这个小共同体里，个体之间经常有着共同的兴趣爱好或者相似的禀性，对于某一问题容易达成共识。

"集群化"是人类的本能，身在群体中，可以缓解人内心深处的焦虑感和孤独感，每个人都想要在群体中找寻归属感和存在感。从大众到小众，再到现在的社群，特定的受众在不断窄化，组织的营销传播内容自然也要不断变化。

传统的大众传播时代，传播的内容趋向理性和思辨，而面向社群的传播内容则需要温度，需要沟通，需要情感。社群内有效的情感沟通、有温度的交往互动，能让个体在群体中找到身份认同感，可以在某一方面达成共识。在传播学的象征性社会互动理论中，互动的双方通过象征符号来交流或交换意义，但双方要实现意义的交换需要有共通的意义空间，一是对传播中所使用的语言、文字等符号含义的共通的理解；二是大体一致或接近的生活经验和文化背景[3]。

传受双方有了共通的意义空间，就能轻而易举地俘获受众"芳心"。在对社群成员传播信息时，让成员间在某些方面达成一个共识很重要。也就是说，社群不是简单的一群人凑在一起，而是需要在精神层面上找到某一个共

同点，这样的共同点会影响到群体成员接受与否，最终影响其行为。

　　同样的一件商品，分别在天猫和淘宝上进行售卖，消费者会有"天猫质量有保证"这样的认知。这基于消费者在心中形成的印象，然后通过社群传播，在消费者心中达成共识。愉悦的情感体验和购物体验会让他们乐于在自己的社交关系网中分享信息，为信息裂变传播打好基础。移动互联网时代，一个个社群不断形成，传播者应该更多地关注如何与社群建立关系，维护感情。这些做好了，社群的口碑效应和裂变式传播足够做好一次品牌的社群营销。

　　（二）寻找一个"神奇的开关"——社群领袖

　　移动互联网的时代，营销内容一定程度上由内容营销变为情绪营销，发生了本质的变化。情绪营销主要是借一些特殊现象鼓动羡慕、遗憾、恐惧和愤怒等情绪，然后进行营销。在迎合市场做情绪营销时，不仅要了解受众群体的情绪，而且要想方设法对情绪进行放大，给社群成员寻求在情感、立场和观念上的共鸣。当然，在鼓动受众情绪时，一定要慎重、有度，严守商业道德。

　　古斯塔夫·勒庞在《乌合之众》一书中提到，单独的个体具有主宰自己反应行为的能力，而在群体中则没有。处在群体之中，人往往表现出冲动、急躁、多变、无理性、缺乏判断力等情绪化行为，容易轻信和易于受他人的感染。任何生物只要聚集在一起，无论是高智商的人，还是未开化的生物，都会本能地处于头领的带领之下[4]。移动互联网下的社群头领与传统的头领不一样，传统头领具有至高无上的权威，对整个群体起着重要的控制作用，社群头领的作用更像是一个煽风点火的人。这样的作用不容忽视，它是整个社群力量形成的引爆点，也是一个开启社群舆论的神奇开关。一旦社群舆论被开启，社群头领的作用就是将舆论引向统一的方向。这里所说的社群头领，即传播学所指的"意见领袖"，如今社群营销活动过程中被时刻重视的关键意见领袖。

小米公司在前期开发 MIUI 系统的时候，有针对性地培养了 100 名志愿者，这 100 名志愿者后来都成了小米社群里的意见领袖，然后利用他们强大的煽动语言和行为，促成各个社群的传播，逐渐聚集了数以千万计的米粉，这是小米公司成功的要诀之一。

移动互联网时代下的社群营销已经不能像大众传播时代那样的广撒网，而应有针对性地培养几个忠诚的粉丝，把握好传播的内容，在他们的脑子里种下第一颗思想的种子，一旦生根发芽，就能达成巨大的营销效果。

（三）社群营销要提好概念，讲好故事

一个事件想要得到裂变式的传播，首先要主动提出一个好概念。传播者要善于从细节入手，发现兴趣人群，恰到好处地提出引发共鸣的概念，是做好营销的基础。好的概念能给予受众情感上的愉悦感、认同感或者某一方面的情绪触动。除了要提出好概念，还要会讲好故事。品牌理论创始人杜纳·E·科耐普曾说："品牌故事赋予品牌以生机，增加了人性化的感觉，也把品牌融入了用户的生活……"

微信读书 APP 是一个典型的案例。针对有电子书阅读需求并对书籍品质要求较高的，阅读习惯良好或想培养阅读习惯、渴望知识的微信用户，微信读书提出"让阅读不再孤独"这一概念，主打的就是社交阅读，从而俘获一批受众的"芳心"。

美国心理学家马斯洛在人类动机中阐述到生理需要、安全需要、归属和爱的需要、尊重需要和自我实现需要是人类需要的五大层次，社交化的阅读正是对联系感和归属感的增强起到了正面推动作用。"让读书不再孤独"这一概念在微信读书这一产品的使用过程中处处体现。用户通过读书平台与生活中的好友共同评论书籍，并通过分享等方式扩大联系链条，能起到人际吸引的作用。

好的故事当然要能够"直抵人心",如情节反转、内容具体、真实可信、对比鲜明、情感共鸣等。在传播时,产品故事、用户故事、创始人故事、员工故事等,都可以成为故事的素材。三只松鼠这一品牌,就是将松鼠人格化,积极打造松鼠"萌"的故事,"小美为主人沏杯温暖的花茶""松鼠在身边,温暖您整个冬季"这样的小故事文案,不仅给用户以享受,而且让用户能感受到温暖的关怀。松鼠就是以坚果为食的,当人有吃坚果的欲望时,见到松鼠就很容易引发共鸣。

移动互联网时代,社群营销的内容不能是冷冰冰的存在,而应该是一个有故事的人格化的东西。只有人格化的东西,才能有温度、有感情,才能有利于沟通,达成营销目的。

结语

小米、三只松鼠公司的案例是在社群营销取得突破性成就的经典型案例,其培养社群共识、注重社群领袖、提好概念和讲好故事的做法值得关注。随着移动互联网技术的高度发展,社交媒体逐渐兴起。基于社交媒体平台的社群营销也迎来了新的发展机遇。如何与消费人群建立关系、进行有效沟通和做好连接,以最少的成本达成最大化的营销目的,并把握好营销尺度,成为传媒人应该思考的问题。

参考文献

[1] 戴维·波普诺.社会学[M].北京:中国人民大学出版社,1999.

[2] 彭兰.万物皆媒——新一轮技术驱动的泛媒化趋势[J].编辑之友,2016(3):5.

[3] 郭庆光.传播学教程第二版[M].北京:中国人民大学出版社,2011:43-44.

[4] 古斯塔夫·勒庞.乌合之众[M].北京:中央编译出版社,2015:16

[5] 汤姆·斯丹迪奇.从莎草纸到互联网——社交媒体2000年[M].北京:中信出版社,2015.

[6] 玄浩,申东山.云社群时代[M].北京:中国经济出版社,2016:31-40.

[7] 周高华.情感营销[M].北京:人民邮电出版社,2016:208-216.

[8] 销售与市场杂志社.粉丝经济——社群时代营销新玩法[M].北京:机械工业出版社,2016:134-147.

[9] Peter Hustonetc.权威发布:2017年传媒生态报[EB/OL].[2016-11-04].http://mt.sohu.com/20161104/n472334012.shtml.

[10] 艾瑞咨询.2016年中国网络社群研究报告[EB/OL].[2016-08-31].http://www.iresearch.com.cn/report/2638.html.

"社交抑郁"时代健康传播的特点与展望
——以社交媒体治疗抑郁为例

李美霖　张　聪[*]

摘　要： 人们在使用社交媒体时更倾向于展示自己积极的一面，在这种社交天性的驱使下，用户需求被无限次放大，人们渴望被认同、被点赞。然而，过度的社交使受众陷入掩饰自己生活消极部分、悲伤成分的怪圈里。以群体为基础单元的社交媒体正日益变成"滋生抑郁的容器"，并在某种程度上给用户带来源源不断的"二手压力"。由此，社交媒体变成滋生"社交抑郁"的罪魁祸首。

扭转这种抑郁泛滥的局面，使社交媒体中营造的"虚拟现实"与现实对接还需要社交媒体亲自出马。为此，本文梳理了社交媒体在治疗抑郁过程中的尝试和努力，并探讨抑郁症领域中社交媒体为其带来的新特点、新变化，从而对未来社交媒体时代如何更高效地进行健康传播进行探讨、展望。

关键词： 社交媒体；社交抑郁；暗黑社交；健康传播；微信治抑郁；人工智能

传统意义上的健康传播包括四个层次：自我个体传播、人际传播、组织传播和大众传播。其中，自我个体传播主要涉及个人心理、生理健康的自我调控与预防；人际传播、组织传播则多涉及医患关系领域；大众传播主要包

---

[*] 李美霖：现为北京印刷学院硕士研究生；张聪，博士，现为北京印刷学院新闻出版学院讲师。

括关于健康知识领域的媒介议程设置及媒介与受众关系等角度。社交媒体时代带来的"社交抑郁"正逐渐成为一种普遍现象，这也进一步细分了健康传播的研究领域。

一、社交媒体时代健康传播领域下的抑郁症治疗传播特点

（一）组织传播领域：组建线上专家团队、邀请医护人员治疗抑郁

基于社群、兴趣圈层的社交媒体，在治疗抑郁的过程中基于自身属性因素有着独到的优势。社交媒体的圈层属性能够天然地将潜在抑郁者或抑郁患者联系在一起。因此，社交媒体可以更有针对性、目的性地组建专业团队，邀请医护人员治疗抑郁。社交媒体较之医疗机构在寻找患者的过程中，往往能够实现"以微知著"的效果。

以微信为代表的社交媒体正率先尝试动用线上组织管理团队在健康传播领域治疗抑郁。微信主要采取建立心理疏导群；主动邀请潜在抑郁成员入群；聘请专业心理医生为管理员传播心理健康知识；主治医师对管理员定期培训的办法。

基于强关系的微信具有用户黏性大、亲密度强的特点。正是基于这样的特点，微信功能更多在于用户间情感的交流与传递。在健康信息的传播过程中，以微信为代表的这类社交媒体能够在一定程度上对抑郁患者起到积极治疗的效果。然而，微信基于弱传播力、传播闭环的特点，使其在组建线上专家团队、邀请医护人员治疗抑郁的过程中也面临着组织传播领域的困扰。

（二）针对小群体的分众传播领域：积极调用社交媒体公众平台、热门、头条、榜单功能

基于兴趣共同体、熟人小圈层的社交媒体，更擅长在分众传播领域下治疗"社交抑郁"。

微信公众号平台"阳光鸡汤"订阅号或公益服务号能够为不同年龄、性别、爱好、地域层次的"社交抑郁"群体提供精准的服务内容。"花边阅读""向上吧少年"是针对青少年型社交抑郁受众的公众号平台,此类群体的社交抑郁主要来自于成长的孤独和对群体认可度的过度渴望。因此,此类平台着重推送温情文学。而中老年抑郁群体的社交抑郁更多的来自于对身体健康状况、疾病知识普及认可的不到位,由此应运而生的如"夕阳红""老来乐家园"等公众号,从科普疾病、养生健康知识等角度平复、缓解中老年人的心理抑郁。

与以微信为代表的基于兴趣共同体的小圈层社交媒体不同,微博在健康信息传播过程中采用类似"今日头条"式的热门、头条、榜单功能,通过开放平台抓取不同群体用户需求,通过智能头条因人而异的推送"治疗抑郁"的健康传播信息,从而在一簇簇小群体的分众领域中完成信息的高效传播。

(三)基于大众传播视角下对潜在抑郁患者自我传播的沁染:利用人工智能技术探索预防抑郁新途径

以Facebook为首的社交媒体近年正积极探索预防抑郁的新途径。其中一点便是利用人工智能技术,通过机器算法挖掘一些含有自杀、消极、抑郁内容的帖子。

Facebook的人工智能AI会对这些帖子做标记,从而抓取发布这些帖子的用户,同时提醒这些用户的好友这是一条可能含有抑郁、自杀、自我伤害信息的帖子。Facebook通过开放热线电话、联系自杀求助组织等方式,致力于在形成影响前对那些目标用户做心理疏导,从而实现以自身的大众传播视角侵染潜在抑郁用户的自我传播渠道,进而将这些潜在抑郁用户拉回到正常轨道。

健康传播领域的自我个体传播主要涉及关于个人心理、生理健康的自我调控与预防。社交媒体Facebook以大众传播视角挖掘潜在的抑郁患者,通过提前干预、积极正面影响这些用户,帮助潜在抑郁用户做到自我的调控与预防。

二、社交媒体时代健康传播存在的问题与挑战

（一）如何在专业医学术语与社交语境中合理转换

社交媒体在组建线上专家团队、邀请医护人员治疗抑郁的过程中，目前还存在着对医学专刊、杂志照搬照抄的现象。这增加了社交媒体上的抑郁受众对抑郁症的理解难度，使原本就难以理解的疾病原理和治疗方法变得更加艰涩难懂，难以形成积极有效的传播力度。

在有关抑郁的健康传播过程中，社交媒体作为传播者没有充足地考虑到受众的属性，在传递健康信息、治抑郁信息的过程中，缺少对信息的再加工环节。在这种二次加工缺失的语境中，传播者很难将自己想要传达的信息准确无误地传递给受者。

这就需要社交媒体考虑到医学专业术语与社交语境的合理转换问题。要明确自己进行健康传播过程中的目标受众，这些受众更习惯于口语化、轻松化、谈话式的社交媒体语境，对学术性过强的专业医学用语存在心理上的疏远，甚至有一些基于固有偏见的刻板印象，从而被动地接受这些抑郁治疗信息。可以想见，在这种带有被动心理的机制作用下，社交媒体治疗抑郁的初衷很难落实。

（二）谣言裂变式传播、造成社会恐慌带来"二度抑郁"

在社交媒体治抑郁过程中，谣言必然与其相伴而生。谣言是任何传播过程中都无法完全避免的现象。在健康传播领域，谣言所带来的社会影响更为深远和突出。

由于社交媒体是由一个同质性的小圈层构成，当有关抑郁的谣言出现在这些同质圈层时，圈层中的人们所做出的回应也往往是相同的。在这种情况下，便会出健康传播领域中的两级传播现象。在智者圈层，这些谣言会不攻自破失去价值；然而，在"乌合之众"的圈层里，每个人都信谣、

传谣，谣言极易出现裂变式传播，进而影响沉默的大多数抑郁者，甚至在谣言的故意夸大下抑郁患者会出现"二度抑郁"，从而带来严重的社会恐慌。

(三) 单纯基于人工智能的算法在抓取抑郁受众时缺乏科学性

利用人工智能技术，通过机器算法挖掘一些含有自杀、消极、抑郁因素的帖子，不失为社交媒积极探索预防抑郁的新途径。然而，人工智能的发展尚未完全成熟，对于人工智能是否真的智能，业界也存在诸多争议。

社交媒体放手开拓人工智能治抑郁，在现阶段未免有些大胆和冒失。单纯基于人工智能的算法在抓取抑郁受众时往往缺乏科学性。以Facebook的AI为例，仅仅是标记具有抑郁、沮丧、自杀词汇的帖子，并提示给发帖者的朋友。这种做法存在着抓取偏差和激化抑郁者的可能性。抑郁群体是一批相对隐匿的群体，他们未必想将自己暴露在社交媒体的过分关注下，更未必想暴露在自己朋友圈中。再者，单纯基于词汇的人工智能抓取到的帖子，便贸然标注发帖者的抑郁倾向，可能会存在事与愿违的效果，更易激化一些仅仅是拥有抑郁倾向的用户。

(四) 基于强关系的社交媒体在健康传播中被动性强

基于强关系的社交媒体在传播过程中极易形成传播闭环，很难扩大信息传播的影响力。这个闭环增加了社交媒体健康传播的被动性。受众基于血缘、兴趣形成固定圈层，具有与生俱来的排他性。

以微信为例，社交媒体很难主动推送内容，受众关注、转发、点赞的内容取决于受众自身对其价值的考量。这是建立在受众固有价值判断基础上的有意识的行为。基于这一点，社交媒体很难插足其中去传递社交媒体想要传递的内容。可以说，尤其是在抑郁症领域，由于抑郁患者自身的封闭性、孤独感，使社强关系的交媒体在治抑郁传播中"失语"成为常态。

三、关于促进健康传播领域社交媒体治疗抑郁的几点展望——以微信为例

（一）改进算法，大数据智能抓取与专业人士把关相结合

算法由人工界定，难以避免出现偏倚。在微博用改进后的MBUI-Rank算法取代了传统的PageRank算法，对用户影响力的计算更加科学，这便是一个很好的先例。改进算法是对健康传播有效性、正确性的保障。

此外，还应做到大数据智能抓取与专业人士把关相结合。社交媒体幕后大数据智能抓取有用信息的过程，也是机器生产信息的过程。无论是通过人工智能的方式标记潜在抑郁用户，还是通过人工智能推送治疗抑郁的头条文章，其过程都是电脑系统、程序运作的过程。人工智能的发展还不成熟，建立在社交媒体背后的用户行为数据样本量还不足以支撑起整个人工智能的运作。因此，在这样一个数据积量小、样本量代表性弱的背景下，单纯靠大数据抓取的"抑郁用户"未必是真正需要进行抑郁治疗的"抑郁用户"。

同时，完全依靠大数据的智能推送，抑郁患者除抑郁信息外很难再接收到新议题，平衡获取资讯在人工智能时代将成为奢谈，这无疑将加重他们的抑郁感。

鉴于此，加入人工把关是必要的。人工把关可以在一定程度上纠正大数据抓取的"不智能性"，使信息传送过程更精准。同时，人工把关的过程也是一个注入情感、温度的过程。这是抑郁用户期待看到的一面。

（二）开发微信公众号"蓝V认证"功能，增强健康传播主体受众信任度

目前，微信公众号平台，已开设"黄V认证"功能，但这种认证仅是对

账号主体提交的书面材料真实性的认证，公众号所有行为的真实性并不因认证成功而具备合法性。这就意味着任何企业、团体乃至普通个人，都有微信认证的资格，因此认证的可信性也大打折扣。

仅仅依靠普通用户自行识别来甄别种类繁多的健康类信息是很难成功的。朋友圈里转载的养生类文章往往具有传播主体难界定、传播真实性待考量的弊端。这种情况下，开发微信公众号"蓝V认证"功能是增强健康传播主体受众信任度的有益尝试。

"蓝V认证"力求少而精，主要面向各行业顶级专家开通。在健康传播治抑郁领域，只有三甲医院精神科领域的业内专家才具备评定"蓝V认证"的资格。微信应主动与相关专员进行业务洽谈，通过资金应援或资金众筹方式吸引专家入住"蓝V认证"。

（三）开通微信朋友圈公益广告推送栏

基于数据算法对潜在抑郁群体精准推送治疗广告微信改善抑郁，要区别于传统求医问药广告，更不能做营销广告。微信应努力创新新生广告形式，在原生广告基础上推送公益主题。这个公益主题的概念是泛化的，一条心灵鸡汤、一则暖心报道都可以算作改善抑郁的公益广告主题里。

同时，这种插播在微信朋友圈里的公益广告应是基于一定数据算法的精准推送，不同的需求群体收到的微信公益推送也不同。基于微信密闭性传播的特点，这种有差别的公益广告推送方式可以将受众的反感度、排斥度降至最低。潜在抑郁用户在收到有关治疗抑郁的公益广告时，很难察觉周边那些没有收到抑郁信息的朋友圈层。因此，用户更能坦然接受人工智能每天在公益推送中一点一滴对其进行抑郁的治疗过程。

参考文献

[1] 黎在敏,王林,胡凯.基于体育社交媒体的健康传播话语危机与应对策略[J].哈尔滨体育学院学报,2017,35(04):47-52.

[2] 檀琳.社交媒体健康传播现状及伦理责任分析[J].中国医学伦理学,2016,29(05):861-863.

[3] 吕凌蕾.科学传播视域下社交媒体中健康传播的特点及发展趋势研究[J].戏剧之家,2016(08):286.

[4] 武楠.社交媒体环境下健康传播发展机遇与挑战——以微博为代表展开讨论[J].今传媒,2015,23(08):13-15.

网络视频营销之平台联动营销模式研究

田 薇[*]

摘 要：互联网时代的营销理念处于不断地更新中，相应的，其营销模式也呈现出了多元化的创意性。其中，网络视频营销模式的创新成为营销革新的代表。近两年来，最新的视频营销模式主要有：通过网络视频节目进行的品牌植入式和品牌定制式营销、平台联动营销、通过不同渠道进行的视频广告营销。平台联动营销主要是指视频网站与其他平台进行的跨界营销，它有利于通过平台间资源的整合实现共赢。从该角度将平台联动式营销分为视频网站与电商联动的"边看边买"模式、视频网站与搜索引擎联动的"精准营销"模式、视频网站线上与线下联动的"互动体验"模式。

关键词：网络视频营销；平台联动营销；视频网站；搜索引擎；互动体验

网络视频营销作为互联网时代的产物，天生具有互联网传播灵活、易整合的优势。从当代网络视频的营销的现状来看，该优势主要表现在营销平台之间的联动合作方式上。网络视频网站通过与电商、搜索引擎、线下等平台之间的合作，利用其他平台的资源及技术优势，优化传播效果，同时实现各个平台的互利共赢。

---

[*] 田薇,时为北京印刷学院硕士研究生。

一、视频网站与电商联动——边看边买

（一）概述

视频网站与电商平台的合作，创造性地开发出了"边看边买"的网络视频营销模式。视频网站在播放某一节目时，将节目中出现的演员服饰、道具以产品链接的方式同步置于屏幕上，对该产品感兴趣的视频用户可以一键点击链接，进入电商平台了解产品具体信息并购买，实现"边看边买"。

这种营销模式的灵感最初源于爱奇艺的前身——奇艺网独创的视链技术。视链技术可以对视频中出现的人物、道具等进行注释。当把鼠标移至人物时，视频上就会出现关于这个人物的信息。点击该处，就可以跳转至相关的网站获取更加详细的信息。这一技术最初被奇艺网用于人物关系错综复杂的电视剧中，帮助观众厘清剧中人物关系，把握剧情。此后，这种技术应用于广告营销，视频用户对节目中感兴趣的物品，直接点击链接就可以进入相关网站购买，实现边看边买。目前，这种技术相对于从前更加成熟，对视频中商品的识别已经由人工比对发展为自动识别，使视链技术在广告营销领域得到更广泛的应用。

（二）特点

1.同步变现

视频网站与电商平台的联动，将视频内容与商品信息完美融合，使视频用户在观看节目的同时享受购物的快感，直接将对视频内容的热情转变为购买行为，将视频流量转化为销售量，形成了视频内容营销与视频流量变现的完美合作链。

2.商品的场景化展示，提高消费欲望

视频网站通过节目的设置为产品提供了丰富的展示空间，将产品放置于节目内容的情境之中，节目中人物对该产品的演绎使其更具有视频场景的代

入感。特别是明星演员对产品的演绎所产生的粉丝效应，会直接促使用户产生消费冲动。

3.人性化的用户体验产生良好的营销效果

视频用户对于内容中感兴趣的商品，可以在屏幕链接处直接点击购买，满足消费欲望，也可以将商品加入购物车，不间断内容地观看。双向选择的设计提供了人性化的用户体验，也能够达到良好的营销效果：一键点击直接购买即时实现了商品的在线销售，加入购物车又为营销方了解购买意愿提供了相应数据，以便进行进一步的大数据营销。

（三）案例分析

《如果蜗牛有爱情》是2016年热播的腾讯自制剧，该剧仅上线三周就突破了10亿的播放量。除了刑侦题材的内容本身备受好评外，"边看边买"的营销模式也成为该剧的加分项。

腾讯与京东在该剧中进行了成功的联动合作，主要针对剧中的人物服装、道具等产品同步加入同款商品的链接，点击链接即可跳转至京东购物平台直接购买。如男主角的西装、衬衫，女主角的大衣，以及在剧情中出现的蜗牛抱枕等物品，都会在视频上同步出现商品的链接。这种营销方式的好处是将产品进行了全方位的展示，同时男女主角的明星身份又会产生粉丝效应，直接带动了粉丝的消费。当男主角王凯问另外一个剧中人物想喝什么时，回答是喝水就好，此时屏幕中就出现了由演员王凯代言的统一ALKAQUA天然水的京东超市的链接。这种方式就是将产品与内容紧密地结合起来，对产品进行场景化的诠释，使消费者对该品牌产生了更加深刻的记忆。对于视频用户来讲，这种植入方式不仅没有影响他们的观剧体验，还提供了更加便捷的购物方式；而对于广告客户京东来讲，也有效地提高了销售量与品牌知名度，是视频网站与电商平台合作的一次成功实践。

二、视频网站与搜索引擎联动——基于用户数据共享的精准营销

（一）概述

在大数据时代，视频营销更加重视对用户数据的挖掘和分析，以求知己知彼，实现效益的最大化。而跨平台的合作成为目前创新营销的探索路径。其中，视频网站和搜索引擎的联动就是基于双平台海量用户数据的共享而形成的营销模式。这种模式的优势是，由于搜索引擎的用户行为更加主动，其搜索的内容也就更能真实而准确地反映其当下的实际需求。通过与搜索平台的合作，收集搜索行为数据，视频网站即可对相应用户推送符合其需求的广告；当广告到达用户后，用户又会返回搜索平台进行相应品牌的搜索。

实际上，由于搜索行为所反映的相对准确的数据，越来越多的平台也开发了内部搜索功能，以便进行更多的内容推送。当用户在某电商平台上搜索某商品，搜索结果中就会出现相关的商品推送，如"您可能喜欢……""买过该商品的人还买了……"等。由此可见，搜索引擎的庞大用户群和使用行为的数据已经在营销领域得到了广泛的重视。

（二）特点

1. 搜索引擎的海量用户可极大地覆盖视频营销的目标人群

搜索引擎拥有庞大的用户群体，据CNNIC数据显示，截至2016年12月，我国搜索引擎用户规模达到6亿，占网民总体规模82%，使用率为82.4%，而手机搜索用户数也达到5.8亿，使用率为82.2%[1]。相对于其他平台，搜索引擎庞大的用户基数可以最大限度地覆盖视频营销的目标人群，从而使营销信息到达尽可能多的有效人群。

2. 搜索引擎的用户使用行为能够反映其真实需求，助力精准营销

搜索引擎的用户使用行为不是"被动"选择，而是基于自身实际兴趣和

需求的主动搜索。这能够较为准确为视频网站提供有购买欲望的潜在消费者，使视频网站在双平台用户账号互通的基础上，在近段时间内向这些有潜在消费需求的视频用户推送相应的广告品牌。这对品牌方来说，能够精准锁定目标消费者，降低营销的盲目性。

（三）案例分析："一搜百映"——爱奇艺与百度搜索的联动营销

"一搜百映"是爱奇艺的视频创新营销产品，主要是依托百度用户搜索数据，通过对关键词等数据的分析，确定用户对某产品的购买意向，向目标受众投放更为精准的广告。

例如，某用户在几天前在百度上搜索了"奔驰"等相关关键词，几天后他在观看爱奇艺视频时，就看到了"奔驰"的贴片广告。这是由于"奔驰"广告方购买了爱奇艺的"一搜百映"营销产品，爱奇艺将广告推送给搜索过相关关键词的用户。

爱奇艺与百度打通了各自的用户数据，百度通过用户的关键词搜索确定用户的需求与兴趣，并进行数据共享。爱奇艺在获得有购买意向的用户数据后，进行相应品牌的定向推广。而用户在接收到推送的广告后，会再次回到百度进行相关品牌产品的搜索。

这种营销模式有较好的营销效果。以上述品牌为例，爱奇艺将15秒的"奔驰"贴片广告以"一搜百映"的产品路径投放后，命中率达到97.7%，回搜比值达到7.6，广告的点击率达到4.3%。

可见，依托于搜索引擎用户数据的视频营销，可以更精准地锁定消费者，将品牌信息传达给有需要的用户群体，减少了不必要的成本。

三、"线上+线下"联动——互动体验式营销

（一）概述

以用户为中心的营销趋势使广告商将营销的重点转移至用户的体验上。

近年来，互动性和体验性成为网络营销追逐的目标，因此仅仅依靠线上营销已经不能满足用户体验的需求，"线上+线下"的互动体验式营销应运而生。

所谓"线上+线下"的互动体验式营销，通常是指由线上营销引爆话题和关注，使网络受众围绕该话题与广告产品生产商产生互动，以此带动线下，包括视觉、听觉、触觉等感官体验及场景体验的营销活动，从而扩大品牌影响力，促进产品销售的增长。本文重点关注以视频营销为线上活动的营销模式。例如，2017年的开年大戏《三生三世十里桃花》，优酷视频将内容营销的互动体验做到了极致。除了正片的播放量与日俱增外，优酷通过实时推出独家花絮等手段引发了网络用户的实时讨论、转发，形成巨大的互动热潮和内容影响力。随后，在2月14日，优酷又借势情人节在西单地铁通道布置了剧中同款的桃花主题场景，系列桃花活动伴随着主题曲，使来往乘客尽情体验了一个独特的"三生三世"情人节。而此次线下活动又进一步引爆了线上的讨论和新一轮的观剧热潮。"线上+线下"的联合营销也成功为该剧的广告主获得了更多的品牌曝光机会，品牌的关注度也即时上升。

（二）特点

1.增加用户行为数据的来源

"线上+线下"的平台联动，为消费者行为分析增加了数据来源，线上平台可通过一定时段内的品牌或者产品搜索、相应话题的讨论量等记录分析用户的潜在购买欲望；线下的活动可通过消费者的参与度和直接购买行为衡量线上营销效果，并通过对两个平台消费者（用户）行为数据的分析来预测品牌和产品的市场热度及购买行为转化率，进而实时调整营销方向。

2.线上的"互动+线下"的体验，促进购买行为的转化

通过与品牌方的互动可以帮助用户更加直接详细地了解品牌和产品，同时也能使品牌方了解用户的想法和意愿；网络用户之间的互动又能增进对品牌的交流，强化记忆。线下的全方位体验又为用户提供了全方位的品牌展示和场景提示，有助于增加用户对品牌的好感度，从而促进购买行为的转化。

3.线下的可参与性，促成了用户的二次传播

线下的活动为消费者提供了亲身参与的体验服务，而优质的体验又能提升消费者的好感，促进消费者在社交网络上的分享，形成品牌的二次传播，在零成本的情况下增加了营销效果。

（三）案例分析：麦当劳的线上线下营销攻略

2017年4月，腾讯视频二次元作品《全职高手》携手麦当劳进行了一次成功的线上和线下的平台联动式营销。腾讯在《全职高手》中创造性地植入了麦当劳的新品薯条"就酱"，动漫中的主角人物"叶修"围绕该薯条发生了一系列的故事。《全职高手》在腾讯视频上线两天，就取得超6800万播放量的战绩，高居腾讯视频动漫频道热播榜首。与此同时，齐集《全职高手》动漫元素的麦当劳主题店落户杭州东坡路湖滨餐厅。而在前一天晚上，麦当劳的官微就发布"召集30名真爱粉，一起杭州圣地巡礼，观看《全职高手》第一集线下首映"，瞬间微博上掀起求店址的风潮。

这是一次全局性的营销活动。首先，《全职高手》中融入麦当劳的新品元素，对该动漫的忠实粉丝来讲是有效的产品宣传，且动漫的粉丝多是90后，是当前市场的主流消费群体，在营销目标上有巨大的重合；其次，麦当劳配合《全职高手》的首播，在杭州部署主题餐厅引发线下的互动体验，既引发《全职高手》的忠实粉丝纷纷求店址，引爆话题，形成大规模互动，又增进了麦当劳普通消费群体对动漫《全职高手》的关注和兴趣，从而转化为腾讯视频的点击率，成功实践了内容与品牌的互动营销；再次，全动漫主题元素的麦当劳餐厅使忠实粉丝和消费者亲身参与体验，拍照分享，形成了二次传播，大大提升了该活动的影响力。可以说，该活动充分利用了线上和线下的资源，最大限度地发挥了平台整合营销的优势。

结语

从以上几种营销模式可以看出,平台联动营销就是通过联合多个平台,借助于各个平台的优势,以达到促进购买行为的转化、精准营销、扩大潜在消费群等的营销目的。在注意力经济盛行的今天,用有限的时间和优质内容吸引广大受众的关注是传播者不断努力的方向。因此,网络视频营销应该组织多个平台联动合作,对多方内容资源、受众资源和技术优势进行有效糅合,实现资源的优化配置,减少注意力的流失,以实现传播效果上的共赢。

参考文献

[1] 中国互联网络信息中心.第39次中国互联网络发展状况统计报告[R/OL].CNNIC.http://www.cnnic.net.cn/hlwfzyj/hlwxzbg/hlwtjbg/201701/t20170122_66437.htm.

[2] 朱凯麟,李莉蓉,宣海伦.阿迪达斯放弃电视广告真不算拉仇恨:2017数字与电视广告投放比才触目惊心[EB/OL].传媒评论.http://mp.weixin.qq.com/s/1UmYfF3seW-IifrnmBctmQ.

[3] 中国网络视频的前世今生[J].科学之友,2014(02):25-31.

[4] 赵雯姗.网络视频贴片广告受众的心理效果研究[D].长沙:湖南大学,2016.

[5] 任晓斐.基于眼动追踪的在线视频广告效果研究[D].哈尔滨:哈尔滨工业大学,2016.

[6] 万君,秦宇,赵宏霞.网络视频广告对情感反应和产品购买意愿影响因素研究[J].消费经济2014,(02):59-65.

[7] 于富喜.网络视频广告对消费者购买意愿的影响[J].现代交际,2016(22):45-47.

[8] 姜丽.网络视频营销的模式、类型和策略研究[D].武汉:华中科技大学,2013.

[9] 何洋.以爱奇艺为例研究网络视频营销模式[D].西安:西北大学,2013.

[10] 黄妍.网络视频广告类型及发展趋势[J].西部广播电视,2016(17):27.

[11] 陈建会.面向用户体验的交互式网络视频广告营销方式研究——以花椒直播为例[J].经营管理者,2017(02):9-10.

[12] 谈勇.我国网络视频广告探讨[D].南昌:江西财经大学,2012.

[13] 栾倩楠.网络视频广告的应用价值研究[D].杭州:浙江传媒学院,2015.
[14] 刘伟.媒介生态理论下中国网络视频广告媒体发展研究[D].河南大学,2010.
[15] 苗璐.网络视频广告传播效果的优化策略研究[D].北京:北京印刷学院,2015.
[16] 夏菲菲.网络视频广告精准投放及优化策略研究[D].合肥:安徽大学,2016.
[17] 艾瑞咨询.中国网络广告市场年度监测报告[R/OL].iResearch.http://www.iresearch.com.cn/report/2980.html.

新媒体时代企业公关传播策略分析——以李宁体育品牌公关传播为例

平晶晶*

摘　要：品牌是企业在市场竞争中生存和发展的基石，是需要企业长期维系的核心竞争力。打造一个响当当的品牌，是每个企业的梦想。新媒体的出现给品牌塑造既提供了机遇又带来了挑战。企业在制定营销策略时，如何借助公关传播，塑造品牌形象，已成为当前企业最重要的考量因素之一。本文以李宁体育品牌公关传播为例，探讨在新媒体时代，公关传播对品牌塑造的重要意义及可行性策略。

关键词：新媒体环环境；企业公关；品牌塑造

品牌形象作为企业的无形资产，成为企业生存与发展的重要依托，集中体现着企业的价值理念。品牌形象是企业赖以生存和发展的精神资源。公共关系是服务于企业的，在品牌传播过程中，公关活动对提升企业知名度，尤其是美誉度与忠诚度方面的作用尤为突出。良好的公共关系，能有效地帮助企业塑造形象、建立品牌、拓展市场并建立起良好的人际关系，增强企业的凝聚力和整体竞争力，促进经济效益和社会效益同步发展。

截至2016年年底，中国网民规模达到7亿，互联网普及率达到50.3%。半数中国人已接入互联网，手机网民规模高达6.2亿，有90.1%的网民通过手

---

* 平晶晶，现为北京印刷学院硕士研究生。

机上网，WIFI无线网络成为网民在固定场所上网的首选接入方式。互联网媒体的用户数量也正迅速超越传统媒体，并逐渐形成统治地位，这为企业进军新媒体宣传和营销活动提供了庞大的受众群。正因如此，以新媒体为营销平台的宣传活动才拥有消费者基础。

大数据环境下，社会化传播成为主要特征，公关人将拥抱移动互联网时代新机遇，实现公关传播的互联网化转型。在这一时代背景下，企业必然要将其经营活动与互联网融为一体才符合当今发展的潮流，传统的企业公关思维已经越来越难以适应新的竞争形势。如何在新媒体环境下实施企业公关传播的新策略，是当前各企业应该重视的问题。

一、李宁体育的背景及品牌传播历程

李宁公司由著名体操运动员李宁先生创立。公司成立于1990年，经过20多年的探索，已逐步成为代表中国的、国际领先的运动品牌公司。李宁公司采取多品牌业务发展策略，除自有核心品牌李宁品牌（LI-NING），还拥有乐途品牌（LOTTO）、艾高品牌（AIGLE）、心动品牌（Z-DO）。此外，李宁公司控股上海红双喜、全资收购凯胜体育。自2004年6月在中国香港特别行政区上市以来，李宁公司业绩连续六年保持高幅增长，2009年更是达到83.87亿人民币。李宁公司的销售网络遍布中国多个城市，并且在东南亚、中亚、欧洲等地区拥有多家销售网点。

李宁公司长期致力于体育事业的发展，曾先后与NBA、ATP等国际顶级赛事和组织结为战略伙伴。李宁品牌的专业实力得到国际顶尖体育团队和个人的认可。值得一提的是，从1992年巴塞罗那奥运会开始，李宁公司伴随中国奥运军团一路走来，长期支持中国体操、跳水、射击、乒乓球和羽毛球等五支"金牌梦之队"。

创业初始，李宁的广告语是"中国新一代的希望"。调整产品定位之后，李宁公司推出了更为"务实"的广告语——"步步为赢"。李宁公司还推出过"一切皆有可能"的口号实现对品牌概念的进一步诠释。从1997年开始，李宁公司根据对中国体育用品市场需求的分析，认识到在青年人中蕴藏的巨大消费潜力，从而决心将品牌设计风格从单一的大众化塑造成"时尚、年轻、具有个性"的城市品牌。这一时期的李宁公司认为开发决定市场，2006—2007年，李宁公司对消费者的市场调查报告显示：一方面，李宁品牌实际消费人群与目标消费人群相比有了一定偏移，35~40岁的人群超过50%。另一方面，消费者，尤其年轻消费者，对李宁品牌的印象："积极向上""有潜力""中国特色""认同度"等方面得分很高，而"酷""时尚""国际感"等特质则相较国际品牌略逊一筹。这促使李宁公司开始着手研究品牌重塑课题，启动品牌重塑工程。2007年5月，李宁公司开始与外部合作伙伴接触，探讨品牌重塑事宜。随后，在拓展国际市场方面，李宁体育品牌并未采用让市场利益最大化的"急躁冒进"方式，而是采用了"先打造国际品牌，再开拓国际市场"的稳妥方式。

李宁体育经过长期的品牌战略性公关传播，形成了良好的品牌声誉。目前，李宁除了仍然落后耐克和阿迪达斯外，与安踏不相上下，甚至具有更明显的领先优势；而在产品创新能力、体育营销、企业社会责任上，李宁除了落后于个别国际品牌外，均领先于国内其他体育品牌，且在产品创新和企业社会责任上具有明显优势。通过对国内主流财经、网络、新兴核心媒体的调查发现，媒体仍然很关注李宁公司所开展的各项变革和举措，大部分媒体对其回暖有信心并看好成效，少部分持观望态度。

二、李宁的公关传播策略分析

（一）传播目标和形式

李宁体育品牌从内容和话题层面上，一如既往地继续强调创新求变、产品为王的硬道理。李宁体育以消费者为导向、为全社会公众打造出了一个诚信守诺负责任的企业形象。对体育营销理念进行深层次化的梳理和解读，创造出更多符合数字化平台的内容；增进了各利益相关方对李宁体育企业发展的理解和认同。

从传播平台和形式来看，李宁体育品牌不断巩固与核心财经、主流媒体、意见领袖的合作关系，为企业自身营造出一个良性的舆论环境。多平台同时推进具有持续性和前瞻性的媒体行动，使李宁体育能够及时传播企业信息，引导公众舆论。

（二）传播策略

1. 强调企业社会责任

李宁公司不遗余力地通过李宁牌体育用品支持中国体育事业发展，企业领导人坚持体育公益事业、积极开展社会爱心活动，李宁公司产品与环境保护协调，联合供应商实现生态友好生产，推动行业绿色环保进程，这些彰显了李宁体育作为一个国产品牌强烈的企业责任心。

2. 聚焦政策和行业意外风险

紧跟国家政策，倡导全民健身。李宁公司着力于大众化的运动项目与核心品类，并且不断提高公司风险防控能力。

3. 用主动、深入、数字化的策略讲故事

李宁体育品牌从"无处不在的故事"主动出击，深耕核心，对体育品牌的内容进行数字化传播。合理规划年报、半年报等重大事件的传播，很好地把握了传播时机；从全新的角度出发，对品牌的核心信息进行了诠释，包括深化企业声誉六驱动力包含的各项信息，如设计理念、科技研发、赛事赞助、商业模式、企业运营、零售渠道的内容。

综上所述，李宁体育的公关传播主要以一个中心（围绕核心传播要点，纵深挖掘传播内容），两个基本点（多角度解读，多形式展现，BPR/CPR整合打通）为基本原则。结合李宁体育自身特点，根据移动端的阅读潮流，侧重数字化手段和形式，对李宁体育进行公关传播，这在很大程度上传递了品牌美誉度、帮助消费者解读品牌理念，了解品牌优势，提升了李宁体育品牌的核心竞争力。李宁品牌在与各类媒体建立长远又稳固的业务合作关系的同时，为李宁体育的国际化战略公关传播打下了厚实的基础。

三、新媒体时代企业公关传播的几点建议

（一）树立先进的公关传播理念

在新媒体环境下，企业公关传播从"静态公关"转化为"动态公关"。企业必须要确立先进的公关传播理念，对企业的未来发展方向进行合理规划，以消费者需求为导向，提高企业人员的公关水平，充分顺应时代要求。

（二）打造强势的传播战略

企业公关不仅需要传播意识，还需要管理意识，更需要战略高度。企业应从自身品牌理念出发，传播品牌优势和主张，与消费者形成良好的对话关系，形成有利于企业的更大的联盟。

（三）整合传播手段，借力媒体平台

企业公关要做好新旧媒体整合传播，发挥其合力作用。具体而言，就是使用全新的媒体战略合作选择，侧重媒体官网、微信、移动端等，并以平面媒体为辅助平台。在不同的平台上，还应该有不同的传播侧重点，如财经媒体重内容、网络媒体重形式、都市媒体重区域影响。

（四）持续性地推进正面话题

通过网络媒体的信息传递及观念引导的功能，为消费者或受众传递更多正能量，将新闻内容及时地与消费者进行沟通。此外，建立事后品牌和形象的重塑机制，在正确控制和处理的基础上，借助媒体展示和宣传企业的发展理念和前景。

结论

公关传播就是把企业品牌的定位及所蕴含的企业文化向公众进行传播，以期赢得公众的理解和支持。企业品牌的塑造过程其实就是企业的产品获得社会公众认可和支持的过程。公关传播不仅能使企业与社会公众分享信息，更重要的是，它可以改变或影响公众的态度和看法，最终赢得公众的理解和支持。

本文通过对李宁体育公关传播的分析与总结，希望可以给其他企业的公关传播和品牌塑造提供思路。在新媒体的浪潮下，企业必须要做好公关传播，树立长远的品牌战略意识，为自己的品牌打造良好的形象。只有这样，在激烈的市场竞争中，企业才能立于不败之地。

参考文献

[1] 张红华.浅谈企业公关应用之道[J].现代商业,2009(11).

[2] 韩婧.以"聚美优品"为例看新媒体时代下的企业公关[D].湖北工业大学,2013(5).

[3] 姜新,姜明娜.研究新媒体语境下的企业公关营销战略[J].中国管理信息化,2016(1).

[4] 丁亚鸽.公关视角下的贝因美公司品牌形象塑造研究[J].兰州大学,2011(4).

企业贴合热点进行日常公关活动的利弊分析
——以杜蕾斯官方微博为例

郭慧敏[*]

摘　要： 在Web4.0时代，微博以其表现方式多样、信息传播范围广、与受众交互及时等显著优点，成为很多企业进行网络日常公关活动的不二选择。企业在微博平台上可以进行各式各样的日常公关活动，自带话题、转发抽奖等形式层出不穷，而贴合热点展开的微博日常公关则最为常见。在众多的官微中，杜蕾斯以其优秀文案和对热点的极度敏锐脱颖而出，它贴合热点进行的日常公关活动也吸引了大量受众，取得了不错的效果。本文旨在分析在微博平台上，企业贴合热点进行公关活动的利弊。

关键词： 热点；杜蕾斯；日常公关

一、杜蕾斯官方微博简介

杜蕾斯是利洁时投资有限公司旗下的安全套品牌。截至2017年6月14日，杜蕾斯官方微博粉丝数216万，是众多官微中不折不扣的"网红"。杜蕾斯官微发布的18967条微博中，直接提及"杜蕾斯"三个字的仅有8130条。这说明在官方微博中，对品牌的直接宣传次数远小于在微博上进行的日常公

---

[*] 郭慧敏，现为北京印刷学院硕士研究生。

关活动次数。而在众多的日常公关中，贴合热点进行的公关传播数量极广。打开杜蕾斯官方微博，在"他的热门内容"板块中共有100条微博，明显贴合时间热点"高考""端午节""情人节"的微博，以及贴合"王者荣耀""纪念碑谷"游戏的微博有14条。在贴合热点进行日常公关方面，杜蕾斯一直是佼佼者。

二、企业贴合热点进行日常公关的优点

企业在微博上贴合热点进行日常公关活动，凭借微博平台特有的影响力、互动性和及时性，会产生很多意想不到的效果。笔者把这些效果分为以下三点。

（一）公关成本低，扩大了品牌的知名度

在微博上进行贴合热点的公关活动的成本要远远小于其他公关活动的成本。以杜蕾斯官方微博为例，微博中，多是围绕"性"这个主题在一定限度进行微博创作。杜蕾斯在贴合热点进行公关宣传时，往往会在抓住热点的同时加入品牌特有的元素。比如，在端午节杜蕾斯官方网站发布的微博：先剥粽子，再划龙舟。配图中既有粽子和龙舟等端午特色，也拼接出女性曼妙的身躯和男性健美的肌肉，隐晦地表达出杜蕾斯想要传达的含义。仅这条微博，转发数853，评论数1685，点赞数高达3183。而反观杜蕾斯近期进行的名为"Sexy in the Air"的微博日常公关，单条评论数和点赞数都不及上一条端午节微博，而成本却远远高于端午节的公关费用。

端午节公关的成功之处在于，这个热点是人人关注并且可参与的一个话题互动。对热点的心理认同感是保证参与度的先决条件。用户乐于对自己感兴趣的、了解的话题进行互动，而微博平台又特别贴合我们这个时代的阅读习惯——碎片化阅读。正是在微博限制的短短的140字中，杜蕾斯品牌以它特有的精妙文案和公关策划，实现了一个又一个贴合热点的日常公

关活动。而贴合热点进行日常公关的优势在于，品牌不用自己对公众进行心理认同感的建设，正因如此，降低了公关成本。在如此低成本的公关活动中，用户参与率极高，而高的用户参与率是提高品牌知名度和品牌口碑的最基础保证。热点保证了用户的参与热情，也就保证了公关活动目的——扩大了品牌的知名度的达成。微博传播本来就具有互动性、及时性和自主性的特点，而热点的传播则具有裂变性和侵略性，两者相互结合，提高企业知名度效果显著。而企业知名度的提高，对企业的公关活动又有有利的推动作用。两者相互促进，形成良性循环，也为塑造良好的企业形象打下了基础。

（二）针对热点进行公关，塑造了生动的企业形象

公关活动的主要目的是建立良好的企业形象，引导公众的舆论。在微博这个影响力巨大的平台上，品牌官方微博发布微博表达对热点的看法，并且和网友进行互动，拉近和用户之间的心理距离。用户发现，自己关注的热点问题，官方微博也在关注，就会油然而生一种心理认同感。同时，因为平台的特别性，微博上的日常公关活动不再是从前的"静态公关"，而是通过视频、图片、文字和粉丝互动形成了"动态公关"。"动态公关"更容易把企业形象塑造得生动丰满，不再是单一片面的平面静态形象。

依旧以杜蕾斯为例，每到二十四节气，杜蕾斯微博都会发布一条有趣的微博，有时候是文案图片，有时候是一则只有几秒的小视频。比如，在芒种的时候，杜蕾斯的官方微博发布了一条只有10秒的小视频，视频背景音乐是以蝉鸣声开始接着接入了悠扬悦耳的吉他声。视频中是略显凌乱的白色条纹的床，床上放着两半切开的西瓜，恰好最中间的那部分被吃掉了。而窗外是阳光和柳枝，飘飘扬扬的柳枝的影子映在床上，给整个静谧的环境增加了文艺感。杜蕾斯针对二十四节气的话题"他和她的二十四"，一改往日和粉丝们聊污话题的形象，塑造了和往日不同的杜蕾斯的企业形象，展现了一个文

艺的、有趣的、安静的他或者她，并通过对二十四节气的热点贴合，和每一个关注二十四节气、非物质文化遗产的用户们有一个心理呼应。杜蕾斯的日常公关中也体现了富有人情味的、幽默的、性感的不同的形象。在贴合热点进行的公关活动中，杜蕾斯就把自己的另外一种企业形象展示在受众面前，迎合了不同受众的需求，也让受众在无意中接受这样的设定：杜蕾斯的官方微博不是一个生硬的以宣传为主的微博，而是一个和所有使用微博的人一样的会展示自己不同面的、拟人化的微博。热点自带的属性会让受众更乐于接受这些设定，免去了企业在公关中自说自话、无人问津的尴尬。"拟人化"的企业形象，也有助于提高用户和官方微博之间互动的积极性。这也就是下文中笔者要提出的针对热点进行公关的优势。

（三）激发用户兴趣，增加用户黏度

Web4.0时代的传播基本是共时传播。微博上的突发事件和特殊的时间节点，凭借微博信息的"公开化"和"显性化"的特点，并结合微博特有的"围观文化"，很容易形成一个又一个的网络热点。每个网络热点都会吸引数量众多的受众，而企业贴合这些网络热点进行公关活动，无疑能借着这些热点的"东风"，激发起独属于自己用户的兴趣，从而在话题的互动中增加自己的用户黏度。

高考期前夕，杜蕾斯通过官方微博发布了这样一条微博，"还记得高中时喜欢的人吗?ta们现在还好吗?"，这道"回忆杀"在高考前夕这样一个特殊时间段内，激起了用户的热烈讨论。大家在评论区纷纷回忆起自己高中时期喜欢的那个人和发生的各种各样的、有关青春的小事。此类人人都可以参与并且也有兴趣参与的话题，提高了用户的参与热情并且增加用户黏度。在杜蕾斯的官方微博中，诸如此类的热点讨论话题还有很多。节日、纪念日、重大突发事件等都很容易形成网络热点，在共时传播的背景下，用户获取信息的途径多种多样，讨论也就展开得愈发热烈。在这样的背景下，企业官方微博借此东风进行日常公关，和用户的双向互动性显著，信息反馈及时，也就达到了维护粉丝的作用。

三、企业贴合热点进行公关活动的弊端

（一）热点生命周期短，贴合热点的公关活动具有时效性

在当今的新媒体背景下，网络热点形成迅速，但消逝也迅速。网络热点的生命周期很短，新的热点会在几天之内取代旧的热点，这就意味着企业进行的贴合热点的公关活动也具有时效性。在丧失掉热点加持之后，这些公关活动很难再引起用户的关注。反观杜蕾斯的官方微博，这条结论也得到了验证，很多贴合热点的微博在这个热点被取代之后，很少会被转发、评论。夜光羽毛球火了，端午节互动成功了，王者峡谷里的后裔火了，高考话题也成功蹭到热点，杜蕾斯的这一系列公关都在短时间内引起热议，但是之后呢？在所有的热点消退之后，杜蕾斯的这些公关都只是从大体上提高了品牌知名度，和海尔的到各大热门微博的评论区抢热评没什么两样。一方面，这些公关活动的成本相对于其他的公关活动来说比较低；但另一方面，在明知这些公关活动具有时效性的同时，还继续抓热点，是不是也是另一种意义上的资源浪费？想要抓住热点并在此基础上进行日常公关，远远不只是转发抽奖那么轻而易举。相反，想要成功抓住热点就要求有新颖的、贴合产品的想法，这些吸引众多受众的想法是需要企业通过投入人力、物力、财力才能获取的。可以试想一下，企业把这些资源整合做大型的时效性远远高于微博的公关活动，会不会得到更好的公关效果？是不是会让受众更深层次更久远的记得杜蕾斯的品牌文化和企业特色？

（二）贴合热点公关可能打乱原有的公关计划，得不偿失

信息流通速度快是当今网络传播的基本特色。热点的发生随机迅速、不

受控制。一个企业如果想要在众多的、贴合热点的公关中脱颖而出，就必须要抓住公关的黄金时间。但是企业自己的公关计划和热点是同时进行的，就像上文中提到的，杜蕾斯近期做的有关"Sexy in the Air"话题的公关活动，和"毕业季""报考季"这两个事件热点同时进行，即便是置顶了6月6日有关"Sexy in the Air"的话题帖，转发数、评论数和点赞数也仅仅和"毕业季""报考季"的日常微博持平。从杜蕾斯自己的官方微博一而再再而三地对话题的转发和抽奖看，企业的本来目标是要以上文中提到的话题作为近期的主要日常公关。但是从结果来看，并不乐观。造成这种不乐观的原因多种多样，如话题人物知名度不高、策划的公关活动缺乏新意等，但是贴合热点公关活动在同时期进行，分散了本该属于原有公关活动的注意力也可能是其中原因之一。

在企业的大型公关活动占用了多数资源的情况下，企业应该抓住重点，不应该为了热点而热点。因为热点是追不完的，只有完成了自己的公关计划的情况下，再贴合热点进行日常公关，才能对企业起到锦上添花的效果，反之则会喧宾夺主、得不偿失。

（三）过度依赖热点进行公关活动，缺乏对自身产品特点的挖掘

公关的目的除了树立良好的企业形象，归根结底应该是让受众接受自己的产品。公关活动本应该是一个服务于品牌，强化品牌故事和产品精髓的过程，但是过度依赖热点进行借势公关，就会忽略挖掘品牌自身特点。杜蕾斯在自己的微博简介中写道："杜蕾斯品牌（Durex）诞生于1929年，名称源自三个单词的组合：耐久（Durability）、可靠（Reliability）、优良（Excellence）。"但是在众多的贴合热点进行公关的活动中，用户却很难领会到杜蕾斯的这三个内涵。用户更多的体会到的是杜蕾斯官方微博贴合热点的文案有多么精妙，图片是多么讨巧，但很少有人会了解到杜蕾斯的企业文化是耐久、可靠和优良。存在感确实可以靠贴合热点获得，但是持久的公关效果还需要对产品和企业文化进行深度挖掘。

（四）长期依赖热点，容易形成不良的企业形象

前面已经提到，企业官方微博贴合热点进行公关，通过发布对热点的调侃、评论，可以拉近用户和企业的心理距离，并且塑造丰富的企业形象。但是长期依赖于热点进行网络公关，有很明显的"蹭热度"之嫌，反而，很容易树立起一个投机取巧、哗众取宠的企业形象。依旧以杜蕾斯的官方微博为例，在林丹的"出轨门"事件之后，杜蕾斯利用这件事大肆调侃，全然不像它力争要在官方微博中塑造的"绅士"形象。纵然金远鹏（杜蕾斯官方、可口可乐微博幕后主脑）说，杜蕾斯在选择热点的时候或有权衡，但是杜蕾斯权衡之后的结果是，基本上大多数热点都会参与。长期如此，也会造成用户的心理疲劳。企业的官方微博，说到底是一个企业和用户近距离接触的平台。之所以要用心地进行日常公关，也是为了把微博这个"情感产品"，做得更富有人情味，更利于树立一个健康良好的企业形象。但是对热点无节操的依赖，也显得太过简单和功利了。

结语

微博为企业提供了一个很好的网络日常公关平台。在这个平台上，每天都有各种各样的热点值得企业去挖掘，并应用在自己的公关中。企业合理地利用这些热点结合自身品牌特色进行日常公关，可以拉近和用户之间的距离，塑造良好的企业形象，提高企业知名度。但如果企业简单而功利地利用热点来进行公关，就本身热点的时效性，公关效果不大。并且长久依赖热点，会打破原有的公关节奏，也容易起到反作用，形成不良的企业形象。所以，贴合热点进行日常公关，是一把双刃剑，但合理利用，还是可以起到不错的公关效果的。

参考文献

[1] 汪波.网络热点新闻传播特点分析[J].新闻知识:探索与争鸣,2017(3):39-41.

[2] 李彪.舆情山雨欲来——网络热点事件传播的空间结构和时间结构[M].北京:人民日报出版社,2011:78-83.

[3] 林顿,弗里曼.社会网络分析发展史——一项科学社会学的研究[M].北京:中国人民大学出版社,2008:15-45.

[4] 罗娟.公共关系与企业营销战略[J].中国城市经济,2101(42).

[5] 姚利权.国内注意力经济学研究综述——"注意力经济"视角下的营销战略[J].北方经济,2011(21).

[6] 宋巍,蔡文菊,贾静.试析新媒体营销路线的探查与运用[J].中国报业,2013(12).

企业微信公众平台的公关策略探析——以安利（中国）公司的"安利微刊"为例

马 媛[*]

摘 要：在移动互联网年代，微信作为一种广受欢迎的社交工具，因其迅即、方便和共享等传播特点，成为许多大中型企业开展公关活动、宣传和共享企业文化及信息的重要途径。本文以安利微刊为例，分析该企业基于微信公众平台所进行的公关传播特点，归纳提出相关的公关策略，为企业运营微信公众平台提供参考。

关键词：微信公众平台；安利；媒体公关

目前，越来越多的企业开始建立官方的微信公众号，组织自媒体队伍，在微信公众平台上主动进行媒体公关，树立企业的良好形象，建立与用户间双向信息的传播与沟通，让企业形象在与用户的交流分享中得到进一步巩固。本文选取安利（中国）公司的官方微信公众平台"安利微刊"为研究对象进行探析。

一、样本介绍

（一）安利（中国）公司

安利公司是全球著名的直销企业，总公司位于美国密歇根州大急流市亚

---

[*] 马媛，时为北京印刷学院硕士研究生。

达城,于1959年由杰·温安洛和理查·狄维士创立。安利公司的最大特色是兼生产商及销售商于一身,主要通过招募营销人员来直销产品。

1995年,安利(中国)公司正式成立。2013年,安利(中国)公司年销售额达到293亿元人民币。目前,主营产品有纽崔莱营养保健食品、雅姿美容化妆品、家居科技系列及个护系列[1]。安利(中国)公司遇到的最大危机是在1998年4月,当时我国出台了禁止多层次传销的通知,安利公司迫于政策压力开始着手店铺建设,向店铺销售加雇佣推销员的经营方式转型,于2006年获批直销经营许可。虽然度过了危机,但安利公司的企业形象却因此受损,后续发展中难免遇到"传销""非法经营"等质疑。

因此,这些年来,安利(中国)公司长期致力于运用体育公关和公益活动来扭转形象,安利纽崔莱三度成为中国奥运代表团专用营养品,并先后邀请伏明霞、田亮、易建联、刘翔等国际知名体育明星为其代言人。安利(中国)公司还开展过诸如"安利纽崔莱健康跑""少年NBA""安利心印宝岛万人行"等民间体育活动。除了奥运会,它还多次冠名赞助其他国际体育赛事。公益方面,2003年,成立安利北京志愿者协会;2005年,获得由民政部设立的首届中华慈善奖;2011年,经中华人民共和国民政部批准正式登记成立安利公益基金会,成立6年来累计帮扶儿童超过284万名。

2015年5月,安利公益基金会聚焦营养扶贫,启动"为5加油——学前儿童营养改善计划",这是国内第一个专门针对3~5岁儿童营养改善的公益项目,在社会中产生强烈反响。与此同时,安利公益基金会在新浪微博中开设话题"头顶食物为5加油",号召全民参与。影视明星黄晓明率先在微博中积极响应了本次活动,引起了大量粉丝的关注,目前,该话题的阅读量已超过6000万。"安利微刊"也在实时跟进学前儿童营养改善计划,并与腾讯公益合作,在微信公众平台上发起"为贫困儿童营养加油"的众筹活动,截至2017年7月1日,该平台捐款人次为48342人,募集到捐款超过100万元人民币[2]。

（二）安利微刊

"安利微刊"（微信号：Amway Daily）是安利（中国）公司的官方微信公众号之一，于2012年12月28日正式上线。该公众平台的宗旨是：与你分享资讯，聊聊生活，说说热点，每天带来有趣、有用、有态度的信息。其用户主要为安利（中国）公司的直销人员及客户，主体为中青年女性。

该公众平台由安利（中国）公司主导，中国新闻周刊新媒体部代为运营。双方每月定期开研讨会、选题会，分析流量走势、筛选下月内容。推送频率为每日（8：00）推送一次，每次1~2条不等。头条通常为较长的固定文章，第二条为简短的资讯或互动话题。考虑到用户层次，头条的推送内容涉及六大类型：亲子育儿、两性婚姻、心理励志、美容健康、潮流穿衣、家居生活，每篇的头条阅读量平均可达4万以上。

值得一提的是，"安利微刊"紧跟公众平台的升级更新，不仅仅局限于内容推送，也将其他互动、服务的功能打开。2014年12月，腾讯为微信公众号增加了评论功能，微信运营者可以选择在文章末尾显示精选评论，也可以加以回复。"安利微刊"很快开放了这个功能，每天每篇推送的末尾都增加了精选评论和"小安"（"安利微刊"的自称）回复。

另外，"安利微刊"在微信平台上设置了三个自助菜单，分别为"安利海外购""往期推文"和"安常在＋"。"安利海外购"是销售平台，点击可直接跳转到安利产品的网购页面；"往期推文"中可以根据类别翻看往期的推送文章；"安常在＋"则是互动平台，可以进入"安常在"微社区和"企业文化互动"页面。微社区是腾讯在2014年5月推出，基于兴趣的公开主题社区，可以直接以个人的微信ID登录发帖、留言等。在微信公众号增加评论功能之前，"安利微刊"的互动话题或用户评论，也都在此社区进行交流。

二、企业微信公众平台的公关特点

微信公众平台的出现为公共关系的传播打开了新的途径。在新媒体的帮助下，公关传播由原本的"公关到群体"变成了"公关到个人"，使受众的选择更多元，公关传播也更为个性[3]。

（一）即时性

微信公众平台推送信息具有强大的即时性特点，企业可以以非常快的速度将信息传达给订阅用户，用户在浏览、转发的过程中又会传播给更多的受众。因此，用户可以在第一时间了解到企业的相关信息，同样通过用户的留言、评论，企业也能够在第一时间里收到用户的反馈。

例如，2016年5月24日，安利公益基金会在京举行"国际儿童营养与反贫困论坛暨安利公益基金会成立5周年庆典"，并在会上宣布全面启动"为5加油——学前儿童营养改善计划"。"安利微刊"当天破例没有在早晨8：00准时推送，而是选择在庆典结束后将当天活动的详情撰稿排版，于当晚22：10作为头条信息推送到用户手机中，可以说是第一时间与用户分享该信息。

另外，当企业进行危机公关时，尤其需要迅速地做出反应并广为传播，尽快遏制住话题的蔓延速度，防止谣言产生。因此，微信公众平台的即时性特点能够起到非常有效的帮助。

（二）互动性

首先，文章末尾的精选评论区、后台自动接收的信息，以及微社区的发帖回帖，都是企业微信公众平台可以利用的互动方式，一方面可以掌握到用户动态和用户建议，及时调整微信内容和公关方向，预防危机产生；另一方面也是鼓励用户积极与企业互动，保持用户黏性，增强用户忠诚度。通过与受众的双向沟通和交流，组织在进行公关传播策划时的针对性、可行性就会更强，公关传播的有效性就会更加理想。

例如，"安利微刊"2016年5月20日的首条推文"我爱你最好的表达方式，可以是一顿营养早餐"，图文并茂的分享了一些早餐食谱，并发起相关的话题讨论。用户不仅在精选留言区用文字分享自家食谱，还有人在"安常在"微社区里贴图晒自制早餐,形成了循环圈的良性互动。

其次,对于接收到的精彩内容、有价值的信息,很多用户会利用"朋友圈"的分享功能快速分享到朋友圈中。这样一来,企业利用微信公众平台及朋友圈分享不仅能展开与粉丝的互动,还能借助粉丝的分享提高企业的知名度和影响力。

（三）亲和力

微信的信息载体具有语音、文字、视频和图片等各种呈现功能,综合了各种传统公关载体的功能和特点,带给大众新奇的视觉与听觉冲击,富有亲切感和友善性,从而与公众达到友好沟通的效果[4]。公众平台每天都可以推送内容,想要与用户建立长期的良性关系是一个循序渐进的过程,需要时常创新,更需要将信息真诚友善地传递出去,让用户愿意亲近。

2016年5月25日,"安利微刊"头条推文"我爱我,到底什么才是真正的爱自己",在文头加入了语音。在这段时长33秒的语音中,有两个真人的声音站在不同立场各自阐述到底什么是真正地爱自己,接着是文章继续探讨,最后表达了"小安"的观点:"小安想,所谓爱自己,就是一方面让自己更快乐,另一方面让自己更出色吧!"。这种本身就是多角度探讨、引人思考的文章,加入真人声音后给予了用户新的体验,并且使公众号人格化,不再只是冷冰冰的文字,增加了亲和力,好像就是朋友邻里之间闲聊。

（四）个性化

首先,每一个微信公众号都可以打造自己的风格特色,以区别于其他同类型的微信公众号,吸引更多的订阅用户。"安利微刊"宗旨是:与你分享资讯,聊聊生活,说说热点,每天带来有趣、有用、有态度的信息。所以运营者们构造了虚拟形象"小安",除了定期发送企业的相关信息,更多的时候"她"就像是一个眼界开阔、温柔耐心的闺蜜,帮你出谋划策、解决生活烦恼,跟你聊聊怎么教育孩子,怎么和丈夫相处,教会你如何打扮更时髦等等。这就是"安利微刊"的个性化,它不只是企业的"发声器""传声筒",更是用户生活的小帮手。

其次,在公众号的后台,企业运营者能够看到订阅用户的性别、所在地区等信息,因此,在进行信息推送之前,可以按地域或性别对订阅用户进行分类,然后有区别、有针对性地向用户发送特定信息。这样既避免了用户遭受无关信息的干扰,也可以使用户接收到与个人需求相关度较高的、合适的信息。

(五)专业化

微信公众平台是企业公关传播的新途径,它和召开新闻发布会、撰写公关新闻稿一样,具备专业性的操作性。专业性的特点要求企业在发布微信公关信息时一定要根据本企业的规模状况、企业文化、公关目标及具体公关事项的实际运作情况等,全面考察本企业实施微信公关的可行性、可靠性与合理性,科学设计微信公关的目标、发布原则、主题、形式及评估的各个方面[4]。

企业可以由公关部门、宣传部门联合运营官方的微信公众平台,也可以与其他新媒体公司合作运营。如前所述,"安利微刊"是安利(中国)公司的公关企宣人员与中国新闻周刊新媒体部的成员共同运营的企业微信公众平台。由安利(中国)公司提供企业文化、公关目标,以及具体公关事项的实际运作情况等,再由富有新媒体运营经验的传媒人员来撰写具体内容、排版制作和日常维护。

三、企业微信公众平台的公关策略

(一)时机为关键

企业要根据不同的公关诉求选择合适的公关时机,才能达到预期效果。

首先,根据企业的不同发展阶段选择不同的微信发布策略。例如,企业成立发展初期、新产品问世时,都需要利用微信发布大量的关于企业产品、文化等方面的信息,形式要活泼、生动、新颖,内容要有趣味性、哲理性及可探讨性,引导和启发微信圈公众对企业的关注和兴趣。在企业稳步发展阶段,通过微信开展维持性公关,持续不断地向公众传递相关信息,使微信关注者在不知不觉中成为企业的顺意公众。当企业有了一定的知名度,微信有了较大数量、固定群落的关注者之后,必须持续发布微信信息,促使微信关注者对企业微信的关注成为一种习惯。当企业遇到风险或形象遭受损毁时,一定要利用微信及时发布问题原因、解决方案、解决结果,并针对有关信息做出回应,使公众了解企业的态度,使危机事件的真相在舆论传播的臆测和无序中得到关注者的认识和理解,也使公众对企业的态度有一个全面客观的判读,尽快消除不良影响[4]。

其次,巧妙利用社会热点,关注社会上新颖的、被人们普遍关注的事物或现象,设计适当的微信发布策略,引发用户的关注与讨论,提升点阅量,增强用户对企业形象的好感度。另外,企业的重要纪念日或传统的盛大节日、重要社会活动也同样值得关注,适当时可以"制造"有关新闻。

再次,就是把握具体的推送时间,这主要取决于目标用户的生活规律,并参考目标用户可能关注的其他微信公众号。要保证目标用户是在较为空闲的时间收到推送,有时间阅览,并且不会与其他信息"蜂拥而至"。

(二)反馈促发展

企业的微信公众平台是企业直接与用户沟通的渠道,也是防止负面消息出现和进行辟谣的便捷工具。用户与公众号的直接对话都可以显示在后台信息中,因此企业微信公众平台与用户要保持即时沟通,主动搜寻信息,针对不同问题迅速做出反应,避免出现因沟通不畅引起的用户不满。

微信末尾的精选评论要在推送后快速筛选显示,筛选的评论要与文章诉求相似，正面积极，以便较晚阅读的用户在阅读时能够看到较早用户的评论，从而调动用户参与评论的积极性，有利于企业更多地了解用户的情绪、态度，及时调整微信策略。当企业微信公众平台与微社区关联时，更要有专人定时监控，监控人员需要以管理员身份及时删除不良、虚假的信息，为企业创造良好的舆论环境。

在微信公众号的后台，企业运营者不仅能够看到每一位订阅用户的性别、所在地区等信息，也能够看到每一篇微信推送的到达率、阅读量。因此，要定期整理后台信息与用户反馈，进行分析和上报，以便调整微信内容走向，也使企业随时能够根据外部变化做出反应。

（三）人格助魅力

塑造良好的形象是企业微信公众平台的重要诉求，因此在用户心中留下独具魅力的正面印象非常关键。它有助于稳定忠实用户，拉近潜在用户，增强消费者的信任度，促进企业的可持续发展。这就需要进行内容平台的人格化，用"性格"来公关、营销。就像"安利微刊"里的"小安"，为了凸显不同主题，"小安"在不同内容里的署名也不同。如"冷暖自知的小安"就是署名在交谈艺术的文章里；"爱妈妈的小安"署名在母亲节的文章里；"准备抢购的小安"署名在安利新品的推介文章里。

每一个企业微信公众平台都是芸芸自媒体中的渺小一员，只有养成独特的魅力人格体，有情感、有态度，才能收获自己的忠实用户，并且让用户乐于接受乐于传播。优秀的微信公众平台不仅仅是做一个便捷的平台，更是做一个"有趣的人"。要让用户觉得自己面对的是一个人，不是一台终端机器，不是一组运营团队，而是一位价值观统一、性格明晰、有人格魅力的独立个体，最好还富有亲和力，亲近感，像朋友一样可以相处的存在。

（四）设计增关注

推送出去的微信内容篇幅有限，一旦发出不能撤回只能删除，所以要合理利用、精心设计,实现公关目标最大化,这都需要公众号培育出个性化、与企业文化相符的风格。风格一是指选题内容,二是指版面设计。

首先,选题内容要根据企业的公关目标、订阅用户的诉求和兴趣进行撰写,可在固定时间点安排固定的栏目和主题,或者将选题分门别类,按照一定规律推送。在撰写内容时,要学会先讲故事再说诉求,尤其是企业公关稿,要赋予其丰富的人文内涵,有效地强化品牌形象的个性特征。如若公众号确定人格化,则团队所有成员的文风要一致,风格走向围绕人格化的虚构角色。其次,是版面设计,公众号要统一规定版面的大体轮廓、配色倾向、图片来源等;首尾LOGO、企业口号或二维码的标注位置也要模板化,执行企业CIS战略,形成系统的风格。可依照企业风格设计公众号专有LOGO,或者直接借用企业LOGO,深化用户的记忆点。

(五)合作谋共赢

运营微信公众平台并不是一件简单的事,尤其是企业微信公众平台,它直接代表着企业形象,每一条微信也都体现着企业公关的整体思想,其背后需要专业的运营团队支持。

专业的运营团队应该由三方构成:一是专业公关策划团队,它是能够设计微信公关方案、线上线下活动,并且进行用户分析、效果评估的团队;二是专业的新媒体运营团队,专业的运营包括内容编写、版面设计、H5制作、日常维护等,这一团队能将企业公关团队提出的微信公关目标具化成可听、可看、可玩、可分享的作品;三是其他与企业建立合作关系的自媒体。双方应秉承平等互惠原则,可以相互转载原创内容,或者由自媒体为企业供稿,提供更加多元的信息。如"安利微刊"的合作自媒体之一——"十分心理",定期为用户带来专业贴心的心理辅导内容。只有以上三方人员各司其职,协同互助,才能充分提高企业公众平台的质量,最大化实现公关目标。

结语

近几年,微信公众平台发展迅猛,一方面是迎合了受众需求,另一方面也是方便企业进行更有效的信息传播。安利(中国)公司是较早一批开始运营企业微信公众平台的公司,其"安利微刊"最主要的公关目标就是紧密维系与用户(大多为企业的直销人员)的关系,提升企业形象和被信任感。从这个角度来说,"安利微刊"基本完成了公关目标。并且,伴随着腾讯微信的不断升级,经过几年的摸索和创新,该平台已经形成了一套相对成熟的运营机制,为我们提供了可以研究的样本。在这个众媒时代里,企业不得不顺应时代潮流面对变革,将公关原则与新媒体、社交媒体有效融合,主动进行媒体公关,积极为自己发声。

参考文献

[1] 安利官网[EB/OL].http://www.amway.com.cn/about/about/amwaycn/local.html.

[2] 腾讯公益[EB/OL].http://ssl.gongyi.qq.com/m/weixin/detail.htm?showwxpaytitle=1&et=fx#p%3Ddetail%26id%3D12214.

[3] 任航,黄也平.新媒体背景下的公共关系传播[J].人民论坛,2015(21):168-169.

[4] 于建华.企业微信公共关系策略研究[J].河南工业大学学报(社会科学版),2014(4):61-64.

[5] 任航,黄也平.新媒体背景下的公关关系传播[J].人民论坛,2015(21):168-169.

[6] 于建华.企业微信公共关系策略研究[J].河南工业大学学报(社会科学版),2014,(4):61-64.

[7] 新媒体公关:要学会"整合"自己[J].公关世界,2015(4):43.

[8] 贾建林,王肖莲,方煦童.企业微信公众平台吸引力和忠诚度影响因素实证研究[J].中国市场,2015(4):78-80.

[9] 黄甲.浅谈自媒体对企业宣传的影响[J].决策探索(下半月),2016(3):49.

[10] 薛玉玲,郑新奇.安利公司在我国直销过程中存在的问题与对策[J].商场现代化,2014(5):60-61.

"京东"微信公关策略探析

方舒怡*

摘 要：微信等新媒体平台的出现，使企业拥有了更多的公关传播渠道。企业只有创新地开展公关工作，有效地利用新媒体平台，才能在竞争中立于不败之地。本文以"京东"为案例，通过对京东微信平台实例、资料的收集、分析和整合，得出三点重要的公关策略：多样化传播渠道，积极利用新技术整合传播；综合传播模式，重视与用户的互动及活动传播，塑造良好的品牌形象；有效把握公关时机，使传播效果最大化。

关键词：微信，京东；新媒体；公关策略

移动互联网的发展，各类新媒体和新技术的出现，使各个行业都需要通过改变来适应，公关行业也不例外。新媒体拥有传播速度快、形式多样化等特点，它的出现缔造了全新的媒体环境。京东，作为中国最大的自营式电商企业，注重服务品质，一直把"服务"当"品牌"来做，拥有良好的企业形象，是新媒体环境下的最具代表性的成功企业之一。因此，研究其在微信平台的公关策略，具有重要的现实意义和借鉴意义。

2017年4月24日，腾讯旗下的企鹅智酷公布了《2017微信用户&生态研究报告》。这份报告的数据显示，截至2016年12月，全球微信月活跃用户共

---

* 方舒怡，云南广电传媒集团。

计8.89亿,新兴的公众号平台拥有1000万个[1]。微信使用量的飞速增长,功能的优化升级,使微信成为公关行业信息有效传播的重要工具。微信的出现不仅使企业公关传播更加高效,同时也促进了企业公关策略的变革。微信传播时信息的即时性和高效的双向沟通性,需要企业对公关策略进行必要的调整,这样才能适应时代的发展。因此,富有活力和创新的新策略尤为重要。本文将从多样化传播渠道、综合化传播模式、有效把握公关时机三个方面来阐述京东是如何利用微信平台进行公关传播的。

一、多样化传播渠道

(一) 二维码

二维码在微信功能中很重要,把二维码放在照相框里,微信会帮助用户搜索到好友或企业公众号,通过扫描识别使其成为好友、会员,接着用户便可得到会员折扣、优惠促销或相关的新闻资讯。京东建立了企业自身微信公众号,用户能通过扫描二维码的方式关注其微信公众号。关注之后,用户会收到关于公众号基本功能的大概介绍,新关注的粉丝还可获得最高180元优惠券惊喜礼包,同时还可获得京东VIP特权:第一时间获取京东订单物流提醒、快速搜索京东商品、福利社每天10点福利券、月底粉丝专属福利日、京东在线客服等服务。对于京东来说,二维码不但可以做打折促销活动,还是公关传播的有效手段。用户只需在非常短的时间就能识别二维码,从而获取优惠折扣等企业相关信息。所以,通过运用微信二维码技术简单的操作,用户可方便快速获取讯息,微信二维码技术的运用是微信传播也是企京东公关传播的重要方式。

(二) 打通微信购物入口

京东一直利用微信平台作为传播的有效工具,积极开展与微信的深度合作。在微信的钱包功能中,就专门有"京东优选"的入口,随后京东微信一级入口"购物"也在2014年5月27日正式上线,其位置在"发现"频道内,与"朋友圈""摇一摇""附近的人""漂流瓶"等并列,在"游戏"按钮的上方。"京东微店"与此同时也在微信平台开放。搜狐科技频道数据显示,截至2014年6月4日,京东从之前的二级入口"钱包"换到一级入口后,京东在微信的成交量一周内翻了8倍,同时京东移动客户端累计用户比上年同期增长4倍。由此,根据数据资料可以看出京东通过微信平台得到了更多的用户,同时在一定程度上促进了商品的销售。

(三)微信公共平台

微信朋友圈分享功能的出现,使微信已成为移动端中不容忽视的公关传播平台。由于微信的私密性,微信用户彼此间具有某种亲密的关系,好友大多都是"强关系",因此通过微信朋友圈分享的信息,更容易产生信任;朋友圈好友相互推荐的方式,使信息传播速度更快。微信用户在京东手机APP上能把自己喜欢的商品或网站内容分享到微信朋友圈内,其好友都能看到。

微信公众号的出现使微信公关传播更加直接、渠道更加多元化。目前,大多数企业都拥有自己的微信公众平台,企业利用公众号不但能推送消息,还能与用户开展互动,采纳微信用户提出的建议或对提出的问题进行解答。当用户订阅企业微信公众号时,企业不仅能发布商品信息及企业相关资讯,还能对用户信息进行分析和收集,结合用户的偏好、兴趣点进行精准的信息投放。京东就是一个有效利用微信公众平台进行公关传播的例子。以"京东"为关键词在微信公众号中搜索,发现有许多与京东相关细分的公众号。京东微信公众号的建立,拉近了与用户的距离,使信息的传播速度更快、更有效率。

二、综合化传播方式

(一)凸显品牌文化价值,塑造品牌形象

一个企业良好形象地塑造虽不能像商品和广告那样为组织带来直接的经

济效益,却是一种无形的力量。按照传统的宣传模式,许多企业花很多钱做广告,但是许多广告展现出来的只是企业自身的商品,而不能凸显品牌背后的企业文化价值。企业要想建立良好形象,其背后所包含的文化价值是非常重要的因素。

"京东JD.COM""京东"是京东两大主要公众号。前者为京东微信服务号,能在第一时间帮助用户获取商品订单信息、物流提醒等服务;而后者"京东"公众平台是京东利用微信公众号对企业形象塑造最好的途径之一。进入"京东"公众号,主页下的栏目有"爱福利""爱秒杀""爱拼团""买买买""我的京东"五个板块。不同板块有不同的功能,可以全方位满足用户需求,利用不同的优惠方式宣传、推广产品。

"京东"公众平台的推文,大多是以轻松幽默的文案风格为主,结合时下热点、公众关注度高的人物话题让读者产生兴趣,拉近与读者之间的距离。如以刘强东、章泽天夫妇为话题的文案:"章泽天最爱的T恤品牌估计你们都想不到""今天,东哥和加拿大总督宣布了一件事儿""刘强东:和十几万兄弟们在一起!"等;以京东快递员配送的真实故事为宣传文案:"过目不忘,人脸识别?这位京东小哥堪称快递界的'最强大脑'!""无惧风雨,他们仍在路上""暖心!京东快递小哥12小时紧急寻人,送八旬老人回家""有些超人,不穿披风"等,这样的文案有助于塑造京东快递员温暖的形象,快递员良好的服务态度、超快的送货速度、正能量的暖心送货又正好折射了京东的品牌形象;以参与公益慈善活动为宣传文案:"新疆赈灾,京东人在行动""刘强东向母校中国人民大学捐赠3亿元,设立人大京东基金"等。京东微信公众号的这些文案宣传方式,不仅能塑造良好的企业形象、宣传企业文化,还能加深用户对品牌的印象。

(二)与用户互动

企业在运营微信公众号时,和用户开展互动很重要。企业应当重视在公众平台询问或回复的用户,并积极与其进行互动使之成为企业忠实的固定用户。在微信公众平台上的用户互动不失为一个进行公关的好方法,企业应当重视了解用户的沟通需要,吸引用户参与互动,以此来增加用户的幸福感。在"京东JD.COM"微信公众号中,有专门"我的服务"板块,对商品有任何问题和建议用户都可以直接点击"在线客服"进行咨询,同时也可直接在京东公众号上以类似好友微信聊天的方式与京东客服进行沟通,并且客服能够快速给予回复和帮助。主界面"粉丝福利"板块下分别有"粉丝福利社"和"夜读/好物"两个栏目。在"粉丝福利社",用户可每日不仅可以签到翻牌的形式领取优惠券,还可参与完成任务、京豆兑换话费、美食卡等活动;"夜读/好物"栏目给用户提供夜读、好物清单,以图文推荐的形式,从家居、美食、服装、健身等多维度将京东商品与用户兴趣点相结合,与之达成情感上的共鸣。主界面"京东购物"板块中的"微信购物圈",也是一个与用户增强互动的方式,在"微信购物圈"中用户可以分享在京东上曾经购买的商品,分享的同时以一定数量的京豆作为奖励。"微信购物圈"利用用户相互推荐的方式,能更好获得口碑效应的传播,增强用户与用户之间的互动,更好地促进京东商品的传播和销售。

(三)活动传播

通过微信平台开展活动是公关传播中吸引用户的一种做法,开展的活动越能接近用户的偏好习惯,就越能吸引用户关注,提高转发、分享的概率和扩大传播范围。并且,微信活动还能加强与用户的互动,线上与线下相结合的方式能吸引更多的用户参与活动。例如,京东在2017年"6·18"促销期间,在微信发现功能购物板块下的购物圈中,推出"社交+购物"的新方式,通过用户的兴趣维度将社区玩法及特色内容进行聚合,达成了累计2700万人次的互动参与,成交金额较去年"6·18"同比增长40%。其中,在这期间上线的四大垂直兴趣圈子通过达人圈外发声、知名红人入驻、粉丝引流等策略，以态度海报、故事长图、悬念海报、谜底揭幕等一系列创新方式，在短时间内吸引到302万人次互动参与，沉淀精准用户46万人。同时，京东微信购物圈还邀请到37位明星晒单分享，直接促成跟随购买6.7万单。此外，京东还引入了三百多位垂直领域的优质达人、机构和媒体，累积发布晒单帖超过2000篇，打造出内容丰富、资讯优质的圈子社交氛围。[2]京东利用社交互动、交流分享、明星效应等方式，有效吸引用户，了解用户心理偏好，投其所好，策划相应的公关活动。

（四）广告传播

对于企业来说，广告一向是用来传播的重要工具。广告可以生动形象的把企业宣传的内容传达给用户。然而，随着新媒体出现，传统广告原有的宣传功力已逐渐减退，利用新媒体做广告不仅可以更好地吸引用户，还可以加深用户对企业的印象。

微信图片广告在2014年8月11日正式上线，而京东是微信图片广告的首批广告主。在很多微信公众账号下，用户都能看到越发精准的京东商品推荐。随后，在2015年1月微信朋友圈的广告也正式上线，而京东为了配合2015年4月20日至5月10日的"家电节"活动，邀请明星王力宏以图文并茂的广告方式投放到朋友圈。京东的微信朋友圈广告不但被多半用户接受，还引发了多次传播，由于用户在评论朋友圈广告时其好友可见的原因，不但在朋友圈内和好友的互动增强，而且由于广告匹配等问题成为公众议题，引发了大量用户的积极参与。

三、有效把握公关时机

（一）每天的微信发布时间

由于微信是在移动端提供即时通信服务的一种工具，用户使用微信时间往往是碎片化的，微信公众号将消息推送给用户也是有限制的，因此如果掌握好用户使用微信的时间和频率，企业将会吸引越来越多的潜在用户。通过翻看"京东"微信公众号的推送信息，发现大多数公众号发布时间都是在下班高峰期18：00、19：00左右。这个时间用户大多是在下班回家的途中，用户会在地铁、公交车等利用碎片化的时间获取信息，是微信使用的小高峰。同时，在发布频率上，"京东"公众号的频率是一天或两天推送一条信息，而有的企业为了达到宣传目的，频繁地推送信息会让用户反感，导致用户流失。京东运用微信公众号推送信息不仅掌握了当天最佳的发布时间，还有度地把握了发布频率，既使发布内容得到有效宣传，也使发布效果事半功倍。除此之外，京东也会根据企业的情况和目标公众的生活规律来调整微信的发布时间。

（二）利用"节日、活动"发布

利用节日、企业相关纪念日、国家大事、体育赛事等制定微信发布策略，根据用户兴趣点、偏好设计策划内容，与用户沟通讨论，达成情感上的共鸣，同时还能让用户对企业的印象深刻，提升用户对企业的好感。如京东在6月18日店庆日当天早晨，用微信公众号发布"6·18"的促销信息；又如在六一儿童节，京东联合迪士尼打造"京东迪斯尼童梦日"，用户可互动参与"捉迷藏""寻宝探险"等小游戏，赢取百万实物大奖。另外，用户还可在迪士尼官方商店享受7.9折、获得迪士尼乐园门票等活动；再如教师节当天在京东微信公众号中发布"教师节九个城市一个活动"的推送信息，利用微信公众号线上全程直播活动过程，线下实地开展京东快递员给九个不同城市的老师们送花活动。利用节日制造热点议题，线上和线下相结合的活动方式，更能吸引公众关注，拉近与用户的距离。

总结

通过对京东微信公关策略的分析可以发现，京东之所以能成为中国较大的电商企业，跟它的公关策划是分不开的。因此，把京东作为研究对象，研究其新媒体环境下的公关策略对其他企业来说有着重要的借鉴意义。

新媒体的出现，传播方式的改变，使受众已不仅仅是原来单方面、被动的信息接受者，受众的角色变了，也有了更多的情感共鸣需求。因此，与受众的沟通互动将会愈发重要。企业利用微信平台进行公关传播时，需要从受众的角度出发，注重受众的需求和体验，重视通过与受众的"互动"达到与受众"情感共鸣"。企业在了解用户兴趣点、需求后，才能有针对性地提供给用户优质的服务，获得用户的好感，从而在用户心中树立良好的形象。这样，才能取得更好的公关效果。

新媒体的发展给企业媒体公关带来机遇，也带来了挑战。对于企业来说，只有紧跟新媒体变化的步伐，做好随时跟进最新技术的准备，并随时使用相应的工具，才能有效地与用户进行沟通互动；转变传统公关理念，积极有效地利用新媒体功能进行公关传播。如当发生危机事件时，企业可通过微信公众号第一时间做出反应，向用户表明态度或做出澄清；充分发挥新媒体的"亲和力"与"互动性"，更直接、更好地和公众互动交流，及时、迅速地了解公众所想。

参考文献

[1] 王惊梦.2017年微信用户数据报告：8.89亿月活跃用户1000万公众号[EB/OL].http://www.p5w.net/news/cjxw/201704/t20170424_1770831.htm.

[2] 京东微信购物圈618放出大招,"社交+购物"玩出新范式[EB/OL].http://news.ifeng.com/a/20170629/51344671_0.shtml.

[3] 熊源伟.公共关系学[M].合肥：安徽人民出版社,2007.

[4] 白钰.新媒体时代大型企业公共关系策略研究[D].北京邮电大学,2012.

[5] 张颖妍.新媒体语境下企业媒体公关与危机管理[D].华南理工大学,2012.

[6] 韩婧.以"聚美优品"为例看新媒体时代下的企业公关[D].湖北工业大学,2013.

[7] 柏炎生.微信朋友圈汽车公关传播研究[D].华东理工大学,2014.

[8] 于建华.企业微信公共关系策略研究[J].河南工业大学学报(社会科学版),2014(4):61-64.

[9] 王恩斌.微信下的公关变身[J].21世纪商业评论,2014(10):32.

[10] 马舒宁.企业微信营销传播研究[D].大连海事大学,2014.

[11] 吴程伟,刘雅惠,梁洁颖.新媒体,新挑战,新契机——浅析新媒体形势下公共关系应对之道[J].现代物业(中旬刊),2013(9):13-15.

[12] 刘涛.京东商城发展策略研究[D].天津大学,2012.

[13] 谢菲菲.京东商城在B2C电子商务市场的发展战略研究[D].西南交通大学,2014.

[14] 庞晓鸿.京东商城品牌建设研究[D].首都经济贸易大学,2013.

[15] 赵驹.公关策划[M].北京:北京大学出版社,2006.

中国邮政"随手拍"公关活动分析

王海晨*

摘　要：中国邮政曾举办一场"随手拍"活动，通过热点事件将传统的功能性设施邮筒，转变为线下旅行景点及线上的网络拟人吉祥物，成功地将邮筒君的形象通过社交平台传播到年轻一代的关注视野中，为品牌形象年轻化的转型做了有效的尝试。这场活动由明星首先发起，线下参与传播的用户达到上千万。通过微博平台，中国邮政展现出了公关活动强大的执行力和影响力。本文通过分析此次公关活动，解析活动的成功之处，即不仅在于以往由明星吸引消费者注意力的宣传技巧，同时还运用了话题开放性强、衍生内容丰富、形式多样的推广优势。透过这场活动，笔者也试着去分析关于评价以品牌推广为导向的公关活动时，对评价活动成效的影响因素，着重突出时间要素在评价公关活动中的重要性。

关键词：中国邮政；随手拍；品牌形象；公关活动

2016年4月，娱乐明星鹿晗在演唱会前夜，通过微博上传了一张与位于上海外滩某处与一个邮筒的合影，一小时后上千名粉丝聚集在此与邮筒拍照留念。中国邮政迅速推出微博账号"外滩网红邮筒"，并通过微博互动发起"随手拍邮筒"活动，最后演变成"随手拍"活动。这个活动一直持续到五

---

* 王海晨，现为北京印刷学院硕士研究生。

一假期过后，相关信息阅读量达到2亿，并产生了33万张高质量的作品，代表着中国邮政品牌年轻化战略良好的开端。

一、市场背景及行业竞争状况

（一）中国邮政品牌现状

中国邮政属于老牌国有企业，在中华人民共和国成立初期肩负着全国的邮政业务，2007年，中国邮政实行政企分离，开始进行市场化的转型升级。

近年来，中国邮政积极探索参与金融、物流等新型业务的市场竞争，在业务改革的同时，也亟须一次对品牌形象的革新。在这次的随手拍活动中，中国邮政希望借助娱乐明星的话题引导力，吸引网民的关注度，实现一次邮筒从经典的业务形象向年轻化、拟人化的形象——"邮筒吉祥物"的转变。

（二）中国邮政公关活动概览

中国邮政的品牌公关活动还停留在较为传统的传播渠道，且目标受众往往局限于企业级服务对象，在互联网传播渠道的公关活动较少。2015年，中国邮政曾试图通过微博官方账号来开辟一条常态化的、以消费者作为传播对象的传播渠道，但由于内容编辑对跟帖消息回复迟滞、应对态度冷漠，遭到众多用户的指责，事件结果变成一次被公众批判的危机事件，最终以中国邮政关停官方账号的消极处理手段结束。品牌传播演变成了舆论发泄的渠道，这在公关界是极其罕见的。但此事让中国邮政开始重视消费者级别网络传播渠道建立的必要性。同时，中国邮政也吸取教训，希望通过建立一种间接的、互动的传播路径，渐进式地融入公关活动。

二、公关创意核心

（一）粉丝效应变现社会化活动

"随手拍"活动能够维持长时间段的话题影响力，从粉丝追星的现象转变为全社会参与的活动，主要因为运用了两个关键的话题制造技巧，一是惯用的明星引导力，二是话题的自衍化能力。

娱乐明星强大的话题引导能力是现代公关的重要工具之一，在这次的公关活动中，鹿晗首先进行了话题引导，让邮筒合影从静态的信息向可持续的动作延展。在活动进行期间，中国邮政还不断进行相关主题活动的探索，如组织粉丝通过邮箱向明星写信，将品牌职能与话题引导力结合。五一长假期间，中国邮政又借胡兵等明星通过邮筒贴纸的合影进行深一步的话题刺激，使活动参与人数进一步增多。

只依靠明星引导只会让公关信息成为娱乐消息，无法形成长效影响。而社会化活动需要一系列不同的讯息刺激，才能维持持续的效果。当信息的相关性和连续性不强，活动很有可能在某一环节就因注意力转移而被迫中止，或是局限于故事发生地的邮筒，而无法产生跨地域性的影响。中国邮政充分利用了话题的自衍化能力，保持话题的连贯性和节奏性。从明星与邮筒合影到众多粉丝排长队与邮筒合影，形成了从话题到活动的转变，从娱乐新闻向社会现象的扩散。在活动第二天，邮政工作人员将邮筒装饰鹿角，赋予邮筒截然不同的拟人形象，这又带动了连续的话题效应。意外的是，邮筒装饰物被城管强制拆除，再一次衍化成了新的议题。借由这一系列事件，邮筒从功能性设施变成了话题，吸引了足够的消费者注意力，再到中国邮政注册明星微博"外滩网红邮筒君"，邮筒以拟人的形象进行一系列的话题输出，为"自己"发声。系列话题衍化能力促使信息的连贯输出，话题的性质和影响力范围不断扩大，最后形成了跨地域、泛娱乐的社会性休闲活动。

（二）传播流程对位传播对象

中国邮政此次公关活动是品牌形象导向性的活动，传播目标人群是年轻一代，这就要求在明确目标公众的基础上来匹配合理的传播流程。过往有很多公关案例都表明，一些企业在进行新型公关传播过程中，很容易出现传播渠道选择的不恰当，导致企业陷入"自娱自乐"的传播窘境，有限的资金投入在无限的传播渠道中，没有激起消费者的兴趣。他们以往采用的粗放型传播已无法适应互联网时代的传播诉求。针对新一代的消费者，应当使用兴趣社区和社交平台，微博更能适应这次传播活动的需求：有明星强大的议题设置功能；裂变式的话题传播功能；互动式的参与分享功能。也正是基于微博的这些特点，它成为年轻化的传媒平台，与中国邮政的目标传播人群有着高度的契合。同时，此次公关活动的传播过程是由线上向线下渗透、再到线上互动，微博能够利用平台效果，在传播过程的每个阶段都发挥了重要作用。

例如，微博定向推送。2016年4月28日的微博将"随手拍"邮筒活动定向推送给鹿晗的1825万粉丝，配文字为"关爱过气网红行动：与邮筒合影，假装自己被鹿晗宠幸"，明星的影响力结合话题的趣味性让活动发酵，开始引起人们的热议。

微博话题榜："随手拍"邮筒借势此前的鹿晗邮筒事件成功地吸引了一部分话题参与者，假日前期独特性的参与活动更能吸引受众，这一话题登上了由官方统计的话题热议榜单。在节假日期间，这一活动拥有了从话题引导向受众行为转化的时间条件，同时旅游黄金周也给予了受众更多的空间流动机会，使活动占据五一小长假话题榜首，吸引更多微博用户参与。

微博随手拍："随手拍"邮筒活动占据了微博官方"随手拍"首页头图第三帧的独家席位，精准引流粉丝。中国邮政与微博随手拍还同时发起了制作明信片的活动，让这一话题活动有了更多的参与形式。拥有245万粉丝的随手拍官方微博也发微博宣传此次邮筒活动，增强了话题的影响力。

微博品牌速递：微博官方推送了网红邮筒贴纸吸引网友，为邮政树立全新形象。明星胡兵也以"随手拍邮筒"话题发了微博，并配上贴有邮筒贴纸的自拍。这次活动通过多样的形式宣传了中国邮政的品牌形象，网络渠道的邮筒表情、邮筒贴纸等符号让品牌的视觉形象更加丰满。

（三）情感和价值传播增强传播效果

品牌形象传播过程中，新的形象与原有形象差距过大，会造成原有用户的认知偏差，最终导致新的消费者市场未形成，而原有消费者流失的结果。中国邮政在新形象的传播过程中，兼顾了原有的传播载体，也赋予了新的情感和价值。

虽然年轻消费者的日常书信沟通减少，但在外出旅行途中往往会有寄明信片的习惯，因此邮政与旅行之间可以建立起一种联系。加之热点明星事件，便有机会重新唤起年轻消费者心中的书信情结。年轻消费者希望平等的、双向的对话和交流，所以中国邮政采用网红邮筒君的形象与新用户对话，同时也让原有用户清晰地认识到不变的品牌原有价值。邮筒君的微博简介也诙谐地将自己描述为"过气网红"，这表现出中国邮政是以一种自我调侃的方式，来地与年轻人进行沟通和交流，改变了传统传播渠道中忽视受众的强势传播态度。

在情感传递中，中国邮政还配合进行了落地活动，赋予活动更多的意义。外滩邮政支局同步发行"外滩网红邮筒"明信片，并定制配套纪念邮戳，统一售价5元，全球限量发行7777枚。4月20日正是鹿晗的生日，外滩邮政支局的地址是四川中路420号，因此明信片自带420纪念邮戳。作为上海第一枚主题邮筒明信片，除了受到粉丝的追捧外，年纪大的邮迷也参与排队抢购。

这种针对明确的传播对象发力、同时兼顾原有消费者的活动能够兼顾过去和未来两个消费者市场，让邮筒君的形象更加具有包容性，因此就不会出现如运动品牌"李宁"在品牌定位转型中,仅关注年轻消费者,忽视其他年龄层次的消费者的情况。

三、公关活动中的局限性

对于营销导向的公关,短期的产品销量便是评价活动成功与否的标准,而对于形象影响类公关,就不能单纯地关注较短时期内的话题热度,而长期的活动引导能力,便是这次品牌活动的瑕疵之处。

(一)形象设置的扁平化

商业品牌采用吉祥物的形式来传递品牌价值的手段由来已久,众多品牌的吉祥物形象早已深入人心,如家用电器行业的海尔兄弟形象、腾讯集团的企鹅、餐饮行业的麦当劳叔叔。在互联网时代,吉祥物往往能起到为企业发声、为企业创造话题的效果。但在这次的公关活动中,从实物形象中产生的邮筒君,还简单地停留在平面形象中,而唯一的话题产生方式就是发微博。其实,邮筒君完全可以以立体吉祥物的形象出现,进而拥有多种形式传播的主动权。

以"熊本熊"为例,日本熊本县通过文化传统中——熊的形象设计了一只蠢萌熊的形象,通过互联网传播"熊本熊"的形象来吸引当地的旅游业和制造业。由此,熊本县由一个农业县城成功转型为旅游胜地。"熊本熊"的优势就在于通过立体的形象参与到社会话题的建构当中,这种通过形象来表达信息的方式,更受新一代消费者的喜爱。

(二)长效话题引导力的缺失

这次公关活动的目的是在年轻消费者中传播中国邮政具有活力及朝气的形象,但同样重要的是,中国邮政继撤销官方账号之后,官方传播渠道一直处于缺位状态。目前,在服务广大消费者的大型国企中,基本上都实现了互联网传播渠道的搭建。中国邮政注册的邮筒君微博号，应起到以卡通形象为企业发声的作用。从目前的微博活跃度来看，作为大型企业的账号，邮筒君的关注人数仅为3万，且微博评论数、点赞数、转发数都较低。这个账号既没能起到由新的话题创造影响，进而吸引更多受众的作用，也没有起到长效的企业价值输出功能，作为一个传播渠道来讲，影响力较差。

（三）情感、价值的辨识度较低

在企业形象标识系统的重塑中，企业情感、价值往往通过视觉形象、标语等形式传递，这种感性要素会对消费者的消费选择产生重要影响。如耐克的标语"Just Do It!"、戴尔比斯的广告语"钻石恒久远，一颗永流传"。在本次"随手拍"活动中，并没有通过官方途径统一语言价值观，因此，对受众的品牌影响力会削弱。

同时，在邮筒君的语言文字介绍中以"过气网红"自居，虽然网络语言中自我否定也是一种能够被大众接受的价值倾向，但对于一个蓄力改革、打造新业务、迎接新消费者的知名国企而言，这次自我调侃并不是特别成功。

总结

营销导向类公关活动与形象传播类公关活动的评价标准近日在业界引发了众多关注，随着公关活动的精准投放，社会组织和公关从业人员都试图去量化评价公关活动的指标。虽然形象传播类的公关活动量化指标较少，但影响力的时间跨度、消费者的品牌认知一定是重要的参照指标。

中国邮政"随手拍"活动是一个在短期内吸引大量注意力，但在长期运营中却失去了话语影响力的案例。这场公关活动优势和劣势，对于"互联网+"背景下，传统企业试图进行新媒体公关的探索，有着重要的参考价值。

参考文献

[1] 徐亦凡.日本吉祥物熊本熊走红的动因分析[J].东南传播,2016(3).

[2] 朱立.品牌文化探析[J].云南财贸学院学报(社会科学版),2004(4).

[3] 焦璇,吕建红.品牌形象系统的因素结构[J].心理学报,2004(3.)

[4] 吴宜蓁.危机传播[M].苏州:苏州大学出版社,2005.

[5] 武金菊,杜黎.企业微博质量对用户行为意向的影响机理研究[J].现代情报,2014(2).

[6] 陈文俊.媒介融合背景下的广告与公关[J].文化与传播,2016(2).

耐克微博公关现状研究

杨 阔[*]

摘 要：耐克作为世界最大的体育用品品牌，2006年开始借助脸书、推特、用户生成内容视频网站等来推广品牌形象，并取得了不俗的成绩。在中国，耐克于2011年6月20日开通新浪微博官方账号，开始利用微博进行公关活动。本文通过对耐克官方微博账号在2015年1月1日至2017年5月22日期间所发的微博进行统计，分析耐克微博公关现状，发现其优点及存在的不足，并提出建议，以期为其他企业的微博公关提供一些参考。

关键词：微博公关；耐克，新浪微博

一、引言

近几年，微博、微信等新媒体已经成为人们日常生活重要的社交工具。消费者向微信、微博的迁移，也使企业公关活动转战到微博、微信这类社交平台，纷纷开通微博官网账号、微信公众号。相对于微信平台，微博具有传播路径和范围广的特点，并具有热门话题排行、搜索等功能，帮助企业在微博上能更多地吸引消费者，且能与消费者进行双向沟通，利用图文、视频等多种形式塑造自身形象，在公关活动方面得以大展身手。于是，越来越多的

---

[*] 杨阔，现为北京印刷学院硕士研究生。

企业开始进行微博公关。

"微博公关"目前在学界并没有形成统一的定义，本文以郝鑫岐、张学娇在《"自媒体"时代的微博公关》（2012）中的定义：微博公关是社会组织和个人通过使用微博来进行信息传播、交流沟通、形象塑造、资源整合及利益调配，而实现公关目的的一种行为[1]。其中，微博公关的侧重点是"公关"——通过微博制造出一种企业公关传播语境，与消费者进行深度沟通，维护企业与社会各界的关系。[2]

耐克作为世界最大的体育用品品牌，2006年就开始借助Facebook、Twitter、用户生成内容视频网站等来推广品牌形象，并取得了不俗的成绩。1980年，耐克进入中国，在北京设立了第一个耐克生产联络代表处，并于2011年6月20日开通新浪微博官方账号，开始利用微博进行公关活动，在中国消费者心中塑造了质量高、专业和时尚的体育运动品牌形象。但其微博公关活动也并不完美，本文通过其微博公关的现状，分析其优点及不足，以期为其他运动品牌的微博公关提供一些参考。

二、耐克微博公关的实证分析

在新浪微博企业版认证体系中，耐克一共有Nike、Nike Store、Nike Basketball、Nike Football、Nike Running、Nike Women、Nike Sportswear、Nike上海、Nike北京、Nike广州、Nike SB、Nike Plus等13个加"蓝V"的账号。"Nike"为官方主账号，其他的各微博账号可按功能分为面向各地区的官方微博、耐克旗下各品牌的官方微博、针对不同运动类型的耐克官方微博、针对女性受众的官方微博，共4类。其中，关注量较少的"Nike北京"粉丝量达到3万，关注量较多的"Nike Basketball"达到62万粉丝。这13个官方微博从不同角度、多元化地塑造了耐克的品牌形象，形成了强大的微博矩阵，拥有较大的影响力。

本文以其官方主账号"NIKE"为例进行分析。截至2017年5月22日22

时，耐克官方微博账号的关注量已经累计达到838323，共发微博1505篇。限于时间和精力，本文选取耐克官方账号在2015年1月1日至2017年5月22日期间所发的微博进行统计和分析。

从2015年1月1日至2017年5月22日22时，耐克官方微博账号共发布了119条微博，平均每月发4条微博，更新频率较低。按微博的文本形式将119条微博样本进行分类，其中视频类共58条，占比48.7%，图文（图文加链接）类56条，占比47.1%，长微博类5条，占比0.42%。

整理这些微博样本发现其原创微博内容占比达95.6%，其余的非原创内容均为转发耐克其他官方微博账号的微博、与耐克合作的体育名人的微博。按微博话题设置进一步细分，可将其划分为以下几种类型：相关体育名人消息、线上或线下活动链接、新产品创意视频、新产品发售消息、与运动有关的青春励志的图文等。值得注意的是，无论是转发其他微博用户的微博，还是原创微博内容，耐克官方微博都会为其配上励志的、带有情怀的、激起受众内心情感的文字，如"人生设不设限，你说了算""竭力追寻的，不是极限，而是无限"。不做"标题党"，时刻显示出一种大品牌该有的沉稳与情怀，在宣传其产品的同时，彰显品牌调性，塑造品牌形象。

在每条微博的开头或结尾处，耐克官方微博几乎都会带上耐克的经典广告语"Just Do It"标注的热门话题，如"反正极限，不会比看上去更高不可攀。"Just Do It""无法无天，规则也得听你的，哪怕是地心引力"。"Just Do It"等不断强化其广告语，加深广告语在消费者心中的印象，通过一条条微博让消费者更加理解这则广告语中所包含的内涵。耐克进行微博公关时，其传播内容会随节日、体育赛事、体育名人而有所调整和改变，如六一儿童节，耐克策划了儿童潮鞋"出来玩"系列短视频，在儿童节期间传播，主张让孩子运动、行动起来，多一份真实的快乐。

作为著名的体育用品品牌，耐克的微博公关紧跟体育明星的动态，根据相关名人或赛事进行策划宣传，树立其体育用品的品牌形象。通过对选取的

119条微博样本的整理分析，发现耐克官方微博发布与体育明星、体育赛事相关的微博共52条，在119条微博中占比达43.7%，涉及的体育项目有篮球、足球、网球、马拉松、短跑和高尔夫等，涉及的体育有明星有科比·布莱恩特、苏炳添、李娜、张帅和周琦等。如2016年篮球明星科比·布莱恩退役时，耐克与科比合作拍摄了创意视频，并配文字"特爱他五冠加身，恨他终结己队。爱他的凌晨四点，恨他的不留情面。爱他是一代天才，恨他的桀骜不驯。爱他二十载倾注，恨自己难舍他的伟大。爱和恨没什么不同，因为你终将无法忘记他。@KobeBryant爱着所有的恨。MambaDay"戳中许多科比球迷的内心，引发球迷共鸣，为耐克品牌做了进一步推广，并将耐克品牌的内涵更深刻地传达给消费者。

除体育明星外，耐克也开始发掘演艺界的娱乐明星，寻找符合其产品格调和特性的明星进行策划。如耐克的AIR MAX新产品Vapormax的宣传策划。Vapormax品牌内涵是30年不断创新——"创变，决不停"，这次新产品的宣传，耐克没有与体育明星合作，而是发掘流行歌手李宇春，从大众娱乐制造的"爆款"到成名后一直创变，找寻自己的意义和定位，与新产品Vapormax"创变，决不停"的内涵相契合，拍摄了创意视频，展现品牌内涵，并携手亚洲新锐导演，记录下歌手李宇春、街头芭蕾舞者Lil Buck、时尚代表Eugene Tong三位领创者的故事，为品牌加入时尚、个性、敢于展示自我的内涵。同时，这次活动也引发了耐克粉丝、李宇春粉丝，以及被品牌内涵打动的受众的大量转发和评论，转发量超百万。

耐克还善于结合耐克品牌特性进行创意视频策划，在微博传播推广。如2016年7月耐克发表的1分钟的短视频——"未来，不信极限"，以对一群萌宝说教的创意方式进行表达——"人生起点，并无世界冠军，打破极限，定义未来"，最终打出"未来，不信极限，Just Do It"的广告语。由于视频细节设计到位，内容能够击中许多消费者的内心，最终形成一种"病毒式"传播，其转发量达到100912，点赞量达到30683，评论量达到4479。在耐克的其他微博下面有许多微商或不满意的消费者评论，而在这条微博下的评论大多为正面评论，且占据了微博评论的前10页，许多评论表示这则广告做得既感动又搞笑，戳中内心。

除利用视频、图文等进行线上公关，耐克还组织了多次线上和线下与品牌没有直接关系的互动活动，如2017年3月的耐克AIR先锋派对（一个音乐演唱会直播）、创意你自己的"Just Do It"运动照、全民运动盛宴、耐克少儿"运动园"等，形式多样，活动性较强。

三、耐克微博公关存在的问题及建议

通过对耐克官方微博账号的119条微博样本及其危机公关事件的分析，总结出耐克微博公关的优点与不足，并提出建议。

耐克微博公关的优点：第一，图文、视频、动图和长微博等形式多样，线上线下互动活动丰富；第二，以"内容为王"，微博配图及文字有内涵、有情怀，体现品牌调性，树立高端、专业、沉稳的公关形象；第三，原创内容较多，策划能力强；第四，紧紧围绕体育领域的相关话题和名人，凸显其专业的体育品牌形象；第五，灵活多变，善于选用当红明星进行创意策划，如李宇春、TFboys，凸显其新产品的特色，并为耐克这一品牌增加时尚、青春的色彩；第六，时刻注意"Just Do It"广告语话题的活跃；第七，注意从自身品牌内涵发掘内容，通过一条条微博在消费者心中树立公关形象。

耐克微博公关的不足及建议：第一，微博更新频率过低，可适当增加每月的微博更新量，更好地与微博粉丝互动；第二，危机公关处理方式及方法差，应注重微博灵活、可及时与受众沟通的特点，与消费者和公众随时沟通，面对危机事件应表现真诚。

参考文献

[1] 郝鑫岐,张学娇."自媒体"时代的微博公关[J].中国传媒科技,2012(6).

[2] 黄思捷.加多宝凉茶的微博公关研究[D].湖南:湘潭大学,2016.

[3] 环球网.央视315曝光耐克气垫鞋没有气垫[EB/OL].http://news.sohu.com/20170315/n483473098.shtml.

从快递员被打事件看顺丰公司危机公关应对策略

刘 甜[*]

摘 要：顺丰速运有限公司自1993年成立以来，经过20多年的发展，已经从蜗居一隅的民营快递公司，发展成为我国规模最大的民营快递企业。在顺丰成功上市后，不仅增强了与国内阿里和京东相抗衡的实力，还把业务渠道拓展到了国际市场。而在当今市场竞争日趋激烈和信息传播网络化的背景下，危机公关已经成为每个企业必须面对的问题，也越来越受到企业的重视。本文以2016年顺丰快递员被打事件为例，试对顺丰公司的公关现状进行分析。

关键词：顺丰公司；公共关系；危机公关

一、顺丰公司企业文化及事件介绍

（一）顺丰公司企业文化

顺丰公司于1993年成立于广东顺德。自成立以来，顺丰始终专注于提升服务质量，不断加强基础建设，自主研发并引进具有高科技含量的信息技术设备，在国内外建立了庞大的信息采集、市场开发、物流配送、快件收派等

---

[*] 刘甜，现为北京印刷学院硕士研究生。

速运业务机构及服务网络，目前在中国大陆已有6000多个营业网点。

顺丰以"成就客户，推动经济，发展民族速递业"为使命，致力于满足客户的需求，不断推出新的服务项目，为产品提供安全、快速的流通渠道[1]。以"承诺，为每一份托付"为品牌口号，力争成为客户最值得信赖的选择，顺丰在意每一个托付，并全心全意传达每一个期待。以"First"为企业核心价值观，五个字母分别代表诚信（faith）、正直（integrity）、责任（responsibility）、服务（service）和团队（team）。

顺丰作为一家主要经营国内和国际快递业务的港资企业，致力于给客户提供准确、安全、经济、快速优质的专业快递服务。顺丰始终以满足客户需求为核心，并不断发展多元化业务，针对电商、食品、汽配、电子和医药等不同类型的客户开发出一站式供应链解决方案，并提供支付、融资、理财和保价等综合性的金融服务。

顺丰公司在满足客户需求的同时，也要求其员工不断提高自身的业务技能和服务意识，以最广的网络、最佳的服务、最快的速度增加核心竞争优势，塑造"顺丰"这个优秀的民族品牌，立志成为最受顾客信赖的速运公司。

（二）顺丰公司快递员被打事件回顾

2016年4月17日，在北京市东城区内，一位骑着运货三轮车的顺丰快递员与一辆正在倒车的黑色轿车发生轻微碰撞。之后，轿车司机不顾路人的阻拦和快递员的道歉，一边骂人，一边连续掌掴快递小哥8次。这段打人视频被路人拍下并上传到网络，引发了网友的热烈讨论，打人者也被人肉搜索。最后，北京市公安局介入调查，经调查取证，打人者被处以行政拘留十日的处罚。

二、从危机事件看顺丰公司公关情况

这段打人视频让网友义愤填膺，可以看出，视频中的车主与快递员有着截然不同的态度。轿车车主多次击打顺丰快递员的头部，并出言不逊。顺丰快递员却始终在赔礼道歉，且并未还手。强者的跋扈，弱者的委屈，这样明显的对比立刻掀起了网友的热烈声讨。对于顺丰公司而言，这是一次与以往不同的危机事件，它并不是因为企业提供的产品或服务给消费者带来了隐患而导致公众对企业的声讨。相反的是，在这场危机中，顺丰的员工受到了侵犯，顺丰公司本身就是受害者。

面对这种情况，顺丰既不需要向公众承诺改善服务质量，而且由于顺丰的快递员保持着良好的态度，顺丰也不需要对外承诺加强对员工的教育管理。可能有人会感觉疑惑，既然如此，顺丰为什么还需要进行危机公关呢？本文将从当事人、顺丰公司的员工、社会公众、快递同行人群这几个角度进行分析。

首先，被打的快递小哥作为当事人，身体受到了伤害，尊严遭到了严重的侵犯。当打人视频被上传到网络，经过各种渠道的疯狂转载和多次曝光，当事人不可避免地需要承受来自外界的压力，原本平静的生活被打破。所以当事者需要企业站出来，为其伸张正义，给予安慰和补偿。其次，对于顺丰公司的员工来说，员工中的一员在工作工程中受到了外部侵害，企业对这件事情的处理办法会影响他们对该工作平台价值的重新判断，同时也将衡量企业是否真正关心员工。再次，对于那些同情快递小哥的社会公众而言，若无法伸张正义，他们的同情心将会受到打击，最终，他们会把这种怨恨情绪转嫁给顺丰，并对顺丰的企业印象大打折扣，顺丰将损失一批忠实客户。最后，对于其他快递公司的同行而言，他们在身份和境遇上与顺丰的快递小哥有着某些相似的特征。他们是最关心此事件的人群，他们对快递小哥的关心在某些程度上而言，也是对自己命运的自怜：“我要是挨打了，公司和老板会管我吗？”由此看来，此次事件是顺丰面临的一场危机考验，不仅关乎着企业在公众心目中的形象，同时更关乎着企业对弱势群体的关爱。那么，顺丰方面又是怎样应对的呢？

（一）迅速反应表明态度

在新媒体构建的舆论场上，信息传递速度非常快。企业已经不能像从前处理问题一样对待危机，如果总是想着只要等时间一过，事情自然就会平息，抱着敷衍、企图蒙混过关的态度，只会让自己陷入被动的不利局面。[2]迅速做出反应是最为重要的，因为在大众看来，企业反应的速度就表明了这个企业的态度。快递小哥被打事件在网络发酵后，顺丰集团官方微博第一时间表明了自己的态度："对于责任，我们不会因愤怒而抛弃公允；对于尊严，我们也不会因为理解而放弃追回！"声明中体现的态度十分明确，在表示追究责任的同时，还将单纯的打人事件上升到社会道德层面的高度，把舆论引导为对快递行业生存现状的讨论。

2016年4月17日19时26分，顺丰集团官方微博对此事件做出回应，微博中这样写道："我们的快递小哥大多是20几岁的孩子，他们不论风雨寒暑穿梭在大街小巷，再苦再累也要做到微笑服务，真心希望发生意外时大家能互相理解，首先是尊重！我们已经找到这个受委屈的小哥，顺丰会照顾好这个孩子，请大家放心！"文中并没有用"立刻调查""高度关注"等此类套话，而是通过描写快递员的辛苦和诚恳的服务态度这样有温度的文字，取得公众的同情。这在与公众建立起共同体关系的同时，也表达了对快递小哥负责任的态度，让公众感受到了顺丰公司处理事情的决心。很多快递小哥乃至服务行业者都是从农村来到大城市谋生的孩子，没有太高的学历，没有太多的文化，没有多少朋友，更没有见过多大的世面。他们最渴望的并不是能拿到多少工资，而是能在这个城市里安全的活下来、稳定的扎根，不随随便便被人欺负。顺丰的第一次发声就体现出"温情"二字，牢牢地抓住了公众的同情心理。

2016年4月18日8时40分，顺丰集团官方微博正式发出声明，措辞较为官方，但是在转发该条声明时，用两个排比句代入强烈的讨伐色彩，除了表明态度之外，使事件进一步上升到维护社会公平正义的层面，让顺丰占据到该事件的正义高地,体现出企业社会责任感。网友在顺丰官博下的留言基本都是声讨打人的恶行,同情快递公司的小哥,并赞扬顺丰公司的有情有义。可想而知,未来将会有不少人冲着顺丰的这种仗义情怀前来投奔。

(二)顺丰老总发朋友圈表明决心

除了大打温情牌外,顺丰的公关团队在发声渠道的选择上也考虑得十分周全。除了在官方微博发表声明,微信朋友圈也成为他们利用的平台。

顺丰一直希望给外界留下低调的印象。顺丰很少会采用主动的公关行为,其他企业每年都会举办品牌发布会、策略发布会、媒体沟通会等,但顺丰很少这么做。2016年,顺丰总裁王卫与一些互联网大佬一起参加了李克强总理召开的座谈会。这件事对于大多数企业而言是一个很好的宣传契机,但我们却没有看到一篇关于顺丰的报道。

顺丰的总裁王卫,是一个接受媒体采访次数屈指可数的人,一个在网上找不到几张照片的企业家,一个买了很多飞机只为了送快递的人。在网上查找关于他的新闻,到处可见这样著名的段子,"顺丰老总王卫:马云都约不到的男人"。因为顺丰要塑造的就是一个低调、高冷、个性总裁式的王卫,这样的人不发声则已,一发声就是头条新闻。王卫在朋友圈血性发言:"如果这事不追究到底,我不再配做顺丰总裁!"公关事件越是高层参与效果越好,因为高层参与,让大家知道企业对这件事的重视,而不是随便应付。在此事件中,王卫作为顺丰集团的总裁,及时为自己公司的员工伸张正义,既提升了个人形象,又树立了顺丰的良好形象,在消费者心中形成了良好的口碑,也提高了顺丰的整体影响力,并且还交给了社会一个满意的答复,可以说这一举措是一举多得。

可以看出,顺丰对此次事件的处理态度十分明确,成立对应的处理小组,安排人员第一时间前往现场,为受伤员工安排就医和身体检查,并要求警方严惩凶手。

纵观以上微信朋友圈的内容,一方面体现了霸道总裁表示追究到底的强硬态度，另一方面是具体负责人的明确的处理方式与工作进度。朋友圈是一个社交关系很强的社交媒介，它具有私密性，是共同朋友关系的一个渠道，因此朋友圈和微信群中的传播在很大程度上代表着共同情感关联或利益共同体的情感和感受。此次事件中，通过新媒体在朋友圈发声，进行病毒式地传播，是顺丰温情公关取得成功的重要因素。受众可以明确地感知顺丰公司传达的信息，并感受到顺丰领导层所表达出的企业关怀员工的决心和诚意。

顺丰的公关团队采用的刚柔兼济、柔中带刚的处理方案并取得了成功，其中最关键的一点就是取得了社会公众的认可和支持。顺丰利用公众的同情心和对弱势群体、服务行业者的代入感，赢得舆论引导主动权，在圆满处理危机事件的同时，打了一场漂亮的品牌宣传仗，强化了顺丰这一品牌在受众心目中良好的形象。

三、总结

综观此次顺丰面对企业危机公关时的舆情应对，可以看出企业在议程设置、危机预警、公关文案等方面的相关对策。在事情尚未明朗的情况下，顺丰并没有急于澄清事情的真相，而是从安抚网民情绪入手引导舆论，将调查事情真相的责任交给警方，没有刻意放大事件，避免出现事情的"反转"。从舆论角度来看，顺丰将舆论的焦点从个体事件转化为社会事件，并有意引发网友对于行业歧视这一问题的探讨，从顺丰的公关文案也可以看出其坚决的态度和柔情的关怀。因此，从公关的角度来看，王卫代表的顺丰完成了一场漂亮的应对战，不仅维护了公司自身的形象，更是达到了预料之外的效果。

参考文献

[1] 李璐.顺丰速运有限公司竞争战略研究[D].北京交通大学,2016:35-36

[2] 邓强.顺丰企业公关舆情应对:真诚比推诿可取[J].公关世界,2016(08):85-86.

引进国外电视节目模式"热"背后的冷思考

范思齐*

摘　要：《中国好声音》《我是歌手》《爸爸去哪儿》《奔跑吧，兄弟》等节目掀起的收视热潮，显示出引进国外电视节目模式的巨大能量。回顾我国引进国外电视节目模式版权的历程，从偷偷抄袭到低调引进，再到轰轰烈烈购买模式版权，面对本土观众，外来节目模式是否能左右逢源，带来更高的知名度和可观的收视率，国外电视节目模式版权的引进给我国电视业发展带来的影响值得观察和思考。同时，如何结合本土文化将引进节目融入本土，也是制作方需要在巨大利益冲击下保持节目生命力的重要规划之一。如何根据本土节目特点，结合引进版节目发展模式，也是电视节目普遍面临的一个问题。

关键词：引进电视节目模式；冷思考；创新周期；文化折扣

一、引进国外电视节目特点及本土现状

电视节目模式是指某个系列电视节目的制作框架，它包含若干核心要素和细节（如演播室布置、布景、灯光、台词脚本和制作安排等），对目标受

---

* 范思齐，时为北京印刷学院硕士研究生。

众特征和期望收视率这样的效果指标也有详细的规划[1]。常见的电视节目模式主要有游戏节目、综艺节目、情景喜剧、真人秀和偶像剧等。电视节目模式就如同提供了一个固定的制作程序，供购买者按流程操作。

（一）引进国外电视节目特点

从国际交流的节目类型来看，电视娱乐节目最受欢迎，其中以真人秀类节目模式为最。此外，虽然也有电视剧、电影的频繁交流，但是都没有电视娱乐节目活跃。通过对国外节目的调查，可以总结出成功的节目模式往往有如下特点。

1.折射时代流行文化及媒体正义

任何节目无论其形式如何，首先要具有当代性，并符合当前社会的主流价值及时代潮流。例如，美国NBC的一档深夜的脱口秀节目《杰伊今夜脱口秀》，多位总统会选择在竞选期间上节目发表言论来争取民心，但同时如果涉及政治敏感话题，也会十分热闹。因此，很多人把这档节目称为美国政治的晴雨表。又如《爸爸去哪儿》《妈妈是超人》此类亲子互动节目，都折射主流社会的亲情价值观，在受众心里就是正义的节目类型。

2.注重电视叙事，追求原生态展示

近年来，电视节目越来越重视集体大规模效应，尤其是真人秀节目，如众所周知的《美国偶像》，无论是海选还是竞赛都注重公开参与、公平参与的集体效应。再比如，中国前些年的选秀节目《超级女声》，从海选就调动了受众的极大热情，因为参赛的许多真人秀选手可能就来自身边。当然，值得一提的是，在真人秀的节目制作过程中，节目组会选择与真实生活相近的叙事手法，包括本人的经历，本人的家庭背景等。这种叙事手法确实极大地提高了节目效果。试想，把生活中我们愿意叙述的一件事放大到节目里，将会多么吸引受众。随着节目效果的日益凸显，受众将感情投入到选手身上，随着比赛进程的推进而爆发释放。节目设置中还有悬念设置,强化戏剧效果的冲突,成功的节目需要一定的戏剧和内在张力。而这种节目设置会使选手的个性展示在电视上,引发一系列矛盾和差异,牵动观众的情感。

3. 设置诱人的奖金或奖励,展示人性

以国内外节目模式做对比,国外的节目如《十的力量》,参赛者通过调查数据可获得巨额奖金;而国内的《中国好声音》节目,看似没有奖金诱惑,实则获胜者的明星之路早已奠定,这对渴望成名的年轻一辈来说实在是和奖金一样的巨大诱惑。受众窥探的不仅有参赛者的性格,也有探秘明星嘉宾的想法,提升了收视率。

(二)本土电视节目现状

我国引进国外电视节目模式首次成功的案例可追溯到1988年,中央电台引入英国《Go Bingo》的模式创立《幸运52》。随后,湖南卫视借鉴《美国偶像》,推出了《超级女声》,但是一味克隆和模仿极有可能使国外的电视节目模式在中国市场上水土不服。《中国好声音》《我是歌手》《爸爸去哪儿》《超级女声》等都是引进电视节目获得可观收视率的最佳典范,但仍然存在一些不可忽视的问题。

1. 受众群分布广泛,收视率可观

在引进的电视节目中,几乎大部分是获得成功的,引进的节目会相当大的引起受众的好感,而且多数引进的节目几乎涵盖了大部分受众群体。因此,从这个层面上来看,引进电视节目确实为中国电视节目注入了新鲜血液。但创新意识较差。以《奔跑吧,兄弟》为例,节目开播的前几期邀请韩国团队亲自进行节目制作和处理,连摄像也要从韩国借用拍摄。这种做法确保与和韩国原版制作水平保持一致,但也限制了新版本的创新性。这就造成了观众视觉上和心理上的对比,自然而然地会与韩国原版节目《running man》做对比,进而对国内的节目造成影响。另外,节目内容不够有新意,嘉宾表现难以达到预期的效果。在国内版的电视节目里，嘉宾的构成、节目的流程都发生了很大变化，不能与原版保持一致，所以换了水土难养一方人的原因就在此。

2.制作不够精良，质量不够好

技术层面的问题是电视节目制作的关键所在，因为完整的后期节目会增加整体效果，但国内的节目很少一部分可以做到呈现精良的画面和感受。在大时代背景下，高速运转的盈利模式促使制作人难以倾注太多心血和时间在制作上，而是追求快餐式的节目效果，缺少对节目内涵的深入思考，这也是某些电视节目难以形成品牌的原因。

（三）案例分析：《深夜食堂》

中国版《深夜食堂》上线以后，豆瓣评分跌到谷底，而日本原版堪称经典。为什么中国版的《深夜食堂》由知名演员出演，但是仍然差评如潮？细究其中，原因并不难以理解。首先，此剧没有融入中国特色美食。中国版《深夜食堂》开播后，网上就不乏建议，如为什么不可以加入烤鸭、凉皮等具有中国传统的特色美食？好的剧本加之接地气的特色美食，想要引起共鸣并不是一件难事。甚至有人说，哪怕是馒头就着咸菜也是中国特色。看来，每个观众心中对不同的食物都有着不同的回忆，这种回忆决定了每个观众心中都有不同的深夜食堂。其次，中国版《深夜食堂》照搬日本版的环境布置、衣着，甚至人物形象。其实，中国版可能更有创作的空间，由于文化差异，中国版在人物塑造上更有发挥的空间，不一定非要盲目追求与原版一致。但这里也有一个问题值得探讨，引进版的节目制作斥资庞大，如果抛弃了原有节目的一切，相当于重新开始，失去了版权引进的意义。这也是许多制作方没有进行二次创作的无奈之举。因此，是不是要完全与原版保持一致，实际上也是电视方引进节目的困扰所在。再次，故事缺乏原创性。引进节目大多照搬原版的情节，只替换演员，中国版《深夜食堂》也缺乏故事原创性。对于内容质量的要求和"接地气"的故事编排是奠定观众的基础。

由此可以看到，本土引进版节目的问题除了缺乏原创性之外，"水土不服"也是导致其被观众诟病的重要因素。制作者是发现新鲜事物，但没有在引进后结合本土观众的需求，这也是引进节目让很多制作方望而却步的原因。引进版节目想要走得更远，除了以内容为王，更要质量为王，努力适应本国水土。

二、引进国外电视节目的优势与劣势

（一）引进国外电视节目的优势

1. 成熟的节目模式能够缩短创新周期和节省研发成本

电视是高投入的行业，自主研发成本高、风险高。一个新节目的开发，很早就要进行市场调研，调查该方案的可行性和发展潜力，随着节目推出后的市场反馈不断完善。即使在这样一个高成本的前提下，仍有许多电视节目因收视率不高而退出电视舞台，前期的投入石沉大海。与研发电视节目的高成本相比，版权进口成本只是自主研发的一半，一旦获得良好收视率起来，广告收入会随之大幅上升，便可以立即启动第二季的版权购买，取得良好的经济效益。购买的电视版权节目制作周期的缩短、成本的降低，电视台可以获得巨大的利益。

2. 引进节目模式能够进行本土化改造并降低文化折扣

文化折扣的概念由文化传播学者提出，由于文化背景的差异，国际市场上的文化产品不被其他受众所认识或理解，从而导致其价值的降低。对于电视节目的制作和传播而言，植根于一种文化的电视节目在本国市场上很有吸引力，但在其他地方的吸引力会下降[2]。为了减少文化折扣，根据观众的收视心理和收视习惯，节目制作人会尽量做到"本土化"。节目模式是一个基本因素，它将成为节目制作的框架，在程序模式的框架内，不符合需求的内容可以变换，以配合当地的市场需求。优秀模式的引用能够产生相应的效应。比如，"转椅子"的效应已经火遍了各大卫视，虽然是国外的点子，但经过改造已经有了本土化的痕迹，吸引了观众，提高了收视率。节目程序被细化为模型后，被其他国家引用。由于意识形态、价值观和文化背景的不同，内容在不同地区产生了不同的效果。

一档好的电视节目模式能够巩固一个电视台的地位，而优秀的电视台如果不能继续挖掘、开发好的电视节目则很容易被超越，如湖南卫视的《快乐男声》《快乐女声》。毫无疑问，成功的模式帮助电视台保持持续的竞争力。同时，在本地改造方案中引入国外的电视节目模式，还可以再次进行销售。本土化改造方案模式如果能突破原有界限，成为新的规划模式，这种循环往复会能够带来持续的商业交易，给电视台带来可持续的丰厚收益。

(二) 引进国外节目的劣势

1. 模仿成风，缺乏原创

在中国观众的心目中，一个以前从未看到过的节目常被误认为原创节目，这就产生了一种观念：创新首先要模仿。一些城市电视台不惜重金引进、模仿外国模式。这种方式可以在很短的时间内吸引观众眼球，产生经济效益。虽然中国的电视节目呈现出欣欣向荣的局面，但在对外版节目的长期依赖中，不可避免地导致中国的原创节目发展动力受阻，缺乏竞争力。

2. 同质严重，审美疲劳

节目克隆导致了严重的同质化，在低成本和高产量的指导思想下，引进已成为一种法宝。当一个节目成功时，会刺激其他同类电视节目层出不穷，这也导致一些节目由于急于向受众推出，不仔细考虑受众群体的定位，只是想趁机在其中分一杯羹、赚一分钱，这样就造成了电视节目严重同质化。即使渠道资源非常丰富，也无法抑制利益驱使下同质化现象的产生。比如，自从《中国好声音》火了之后，各种真人秀唱歌节目层出不穷，像《中国好歌曲》《中国最强音》，从形式、名称、主题和嘉宾都有雷同之处，从名字上就可以看出其雷同的节目定位。

3.法律不明，争议不断

我国电视节目克隆泛滥的根本原因在于法律法规不健全。购买版权后真正的版权归谁？版权到底怎样界定？还没有明确的法律法规。现在电视台引进节目经常会遇到"谁抄谁、谁先播"的问题。但其实仔细观察不难看出，如果想追根究底，解决盘根错节侵权问题，还要依靠相关法律法规的健全和完善。

三、对引进国外电视节目的思考和建议

（一）适度引进，丰富屏幕

坦白来说，国外的一些电视节目确实比中国发展得早也发展得好。一些国家的电视节目是经过实践检验并且受到观众认可的，是电视节目的成熟模式。学习、借鉴这些模式确实有利于中国电视节目的发展，拓宽电视节目制作的视野，开拓节目制作的思路，专注节目的发展。其中，应该明确的是，引进的电视节目只是自制节目的有益补充，是用来丰富中国电视市场的，对于引进的外来节目，在数量上必须加以控制，与本土的节目有益的结合配置，这样能够既保护本土的电视节目，又借鉴外来的有益成果，也可称为"洋为中用"。这种本土与外来的有力碰撞，相信会给电视节目的发展带来不一样的春天。

（二）抛弃"拿来主义"，文化贴近本土

引进节目模式进行本土化改造，能够取得立竿见影的效果，所以电视台将内容竞争转向了引进模式竞争。在利益的促使下，由于缺乏足够的经验和适应性，导致引进节目一进来就会水土不服，而且高价买的不一定是好产品，这种高价买次品的情况时常发生。这也就说明了对于引进节目必须进行

系统管理，过滤出不适应中国市场的产品，所谓"取其精华，去其糟粕"。[3]

直接拿来的不见得是最好的。引进的国外电视节目确实为中国本土节目增添了多样性和可视性，但背后隐患实际还是存在的。由于本土化的缺失，难以唤起受众群体的文化认同感，不能达到预期的效果，而且引入节目的原始文化与本土文化相碰撞，容易使本土文化受到伤害。所以，此过程中的文化加工就显得十分重要，在保留引进节目精髓的基础上，以符合本土观众收视习惯和心理需求的方式编排，降低引进节目的文化折扣，同时尽可能地降低其对于本土文化的不良冲击。

（三）优势互补，联合制作

寻求与国外资源的合作，达到双方共赢。这种方法在电影方面体现得尤为明显。比如，邀请好莱坞的制作团队合作，既打响了电影制作团队的名声，也使质量得到了保证。利用国外的优势技术来弥补自己在技术上的不足，不是生搬硬套而是靠硬实力取胜[4]。提倡原创想让我们的电视节目与国际接轨，具备国际竞争力，让世界认可，不能单纯依靠模仿。只有自己的东西成熟后，我们才能真正地做大做强。

（四）版权问题

全媒体时代的来临期，最突出的问题版权的归属。电视节目的引进更是如此，版权归谁、怎么分配和如何使用等问题仍然存在。所以，版权归属问题如果不解决，电视节目的引进难以做到健康合理。树立节目模式的版权保护意识，营造有序的社会环境，完善立法，加强监管，建立有效的争议解决机制，应当成为业界和法学界的重要议题。

小结

全引进版节目巨大利益的输出背后，有值得我们思考之处。除了一味追求利润，把节目做大做强才是可持续发展的关键所在。在火爆的电视节目引进潮的背后，制作方更要仔细研究市场动态，将引进融入本土，让外来节目与本土需求结合，促进电视节目健康发展。引进不是提升电视节目质量的最终的手段，用引进节目促进本土节目，开拓创新，让观众看到更多优秀的、原汁原味的电视节目。

参考文献

[1] 郭庆光.传播学教程[M].北京:中国人民大学出版社,2011.

[2] 马少华.新闻评论[M].长沙:中南大学出版社,2005.

[3] 秦然然.我国电视节目模式引进现状、原因和影响研究[J].黄山学院学报,2016,(6):68-72.

[4] 张常珊.关于国外电视节目模式版权引进的观察与思考[J].中国广播电视学刊,2013(6):38-42.

关于中国数字音乐版权保护问题的思考

王姚冰[*]

摘　要：从产业角度看，音乐已经成为人们生活中重要的文化消费产品。广泛的音乐消费群体，赋予了音乐产业巨大的市场和增长空间。音乐产业的核心是音乐产品，没有了音乐作品，音乐产业将丧失生存的基础。但如果音乐作品被他人随意地非法盗用，音乐产业将难以正常发展，版权是音乐产业发展的关键。数字技术的发展与互联网的普及在促进音乐生产发展的同时，也使音乐的非法传播变得很容易。因此，数字音乐版权保护问题成为亟待研究的新课题。

关键词：数字音乐；版权；版权保护

一、我国数字音乐发展现状

（一）目前概况

2015年，全球音乐市场迈向新的里程碑：数字音乐成为整个音乐产业的首要收入来源，并首次超越了实体音乐销售额。实体音乐收入占整个音乐产业总体收入的39%，数字音乐占到总收入的45%。据国际唱片业协会的统

---

[*] 王姚冰，时为北京印刷学院硕士研究生。

计，2016年音乐行业的整体收入增长了3.2%，达到150亿美元的规模，这也是近20年来音乐行业首次实现逐年增长。据"易观智库"预测，2017年中国音乐市场总规模将突破179亿美元，这一数值较2014年同比增长29.7%。但6.5亿的数字音乐用户，以及从2015以年来同比每年持续增长的市场规模却没能换来与之匹配的市场价值。原因有两方面：一方面，侵权问题严重；另一方面，几大网络音乐平台的争夺版权和盗版产品引发市场混乱。

（二）数字音乐版权乱象的原因

1. 违法成本非常低

音乐产业发展面临着由传统模式向互联网新模式的转型升级。数字技术及互联网的飞速发展极大地带动了音乐产业的创作力和传播力，催生了新的产业形态和表现形式。数字音乐、网络音乐异军突起，成为音乐产业发展的主流。音乐产业发展面临着由传统模式向互联网新模式的转型升级。数字技术的发展与互联网的普及在促进音乐生产发展的同时，也使音乐的非法传播变得很容易，违法成本非常低，但查证取证烦琐且复杂。

2. 中国音乐价值差距的问题

研究发现，造成中国音乐价值差距的主要原因，首先，有些网络平台使用音乐的时候，躲在法律条例的避风港里。例如，某个音乐作品的价值为100亿，但网络平台只付给权利人1亿，要是不接受的话，就会给权利人发通知，然后删除。一首歌曲从平台删除后，只需3分钟甚至3秒钟就会被再次上传回来。这种情况下，很多唱片公司在跟这些平台协商分发许可的时候，作品的价值受到很大影响。十几年前制定了"避风港"原则，起初是为了解决当时的一些问题，属于时代遗留问题。但是，新时代下出现了新问题，这就需要与权利人商量许可使用的条件。

3. 网络盗版行为非常严重

中国数字市场开始的时候盗版较多。因此，当时协商的合约会影响到音乐的价值。此前，国际唱片协会亚洲区已经编发了将近7万封"预警"通知书，影响到54万个链接和500个网站。但中国不止这500个网站，因此仅从这个数目来看，侵权的行为依然存在。

4.中国唱片业缺乏一些权利

目前，已经有150个国家给予唱片权利人公开表演和广播权。中国目前还没有授予唱片权利人公开表演和广播权的权利，而这个权利去年给唱片公司带来的利润占到其收入的10%，中国唱片公司的收入也因此受到影响。

（三）音乐产业要发展须加大版权保护力度

据统计，2014年中国内地实际唱片规模仅为6.15亿元，而数字音乐市场的规模达到491.2亿元。在国外，一个著名的音乐家或者表演者的版权收入是十分可观的，不光是创作者，表演者也一样。比如猫王，在他去世以后很多年，他的继承者每年都能获得相当高的收入，因此我国音乐版权保护的力度亟待加强。

现在我国网络音乐产业规模、产品数量和用户规模比较大，发展空间很大，但是网络传播音乐盗版的现象比较严重。

在运营方面，正版音乐在移动互联网的发展可能会好于在传统互联网。传统互联网的一般采用免费的模式，这给音乐发展带来了一些阻碍。而在移动互联网上，用户的付费习惯已经形成。随着传统唱片公司的关闭，明星自立门户是传统音乐人对数字市场化的一种应对。在互联网和移动互联网大行其道的时代，音乐产业只靠版权收益已经无法生存。国内的音乐不乏好的创作，面对移动互联网带来的机遇，大家应该共同去探寻共赢之道。

由于现在缺少成熟的赢利模式，网络音乐服务商竞争激烈，多年来网络音乐产业整体处于亏损状态，仅靠网络音乐服务商自身的力量难以建设、推广成熟的音乐模式。近年来，一些主要的网络音乐服务商相继购买了独家版权，互相之间的转授权渠道在不断转换，因此网络音乐版权秩序还有待进一步规范。

二、数字音乐版权保护的建议

（一）完善版权法律，统一司法解释

普法工作做得好，离不开国家完善健全的法律法规。严谨周密的版权保护法律体系是版权保护的重要依据。但是，在互联网时代，法律法规难以跟上实际的发展速度。我国关于版权的法律法规大部分产生于工业时代，虽然近年来不断得到修正，但是仍有不足之处。如今，对于数字音乐侵权的问题，大多数当事人一般都倾向于采取合作共赢的方法来解决，或者是通过利用先进技术自动过滤掉没有版权的数字音乐作品。但是，这些方法只能从表面上解决发生的冲突和问题，无法成为解决的根本之道，不是长久之计。因此，在全面依法治国的战略方针下，我们应当重视并加快完善我国数字音乐版权的相关法律法规，将数字音乐版权完全纳入公平公正的法律监管体系之下，特别是对于同一个与数字音乐版权相关的法律案件，应当有统一的司法解释，避免出现不同法院做出不同解释、不同法院做出不同判决结果的状况。也可以用一个比喻来说明版权保护与数字音乐产业之间的关系，如果数字音乐产业是高速公路上急速行驶的车流，那么版权保护就是公路两旁的护栏，保证车流的安全行驶，而法律法规就是筑起护栏的基石。

（二）通过技术创新模式促进版权保护

版权和音乐的发展有着必然的联系，但更重要的是通过创新发掘音乐本身的商业价值。早在2002年之前，中国PC电脑上的游戏有些是盗版，解决这个问题就是通过创新模式，将游戏和网络链接在一起。每个星期都更新内容，这样用户就愿意为游戏软件花钱买单。后来在2006—2007年，中国盛大游戏公司又做了一番创新，把原来按小时收费的游戏变成免费游戏，依靠售卖游戏道具获得收益从，此模式获得了巨大成功。因此，要想让音乐通过版权保护获得商业收入,可以考虑通过技术创新模式,让用户为音乐付费,从而获得更多的保护。

(三)加强公众版权意识引导及网络道德建设

数字音乐离不开网络平台。目前,网络社会整体道德规范失范是导致数字音乐版权侵权不断的原因之一。网络是一个自由的传播载体,网络主体即网民,网民在网上有很大的自主性。因此,网络道德建设,强调的是自主、自治和自我教育。道德从根本上讲就是发挥自律精神,网络道德尤其如此。要做到这一点,就要依据社会倡导的道德原则、道德规范、道德观念,以及各种价值观念和价值准则,采取多种途径和方法,努力提高网民的认知水平,并使其成为自己内心的价值判断、善恶感情和行为准则,形成道德习惯。事实上,只要对社会公众作好版权教育,公众的版权意识会逐步增强,也会逐步形成尊重版权的社会心理,从而越来越多的人会自觉拒绝盗版和非法下载,转而支持合法的数字音乐服务。在此方面,业界、媒体都有责任和义务加强对公众的宣传、教育与引导。如果大家都能够意识到数字音乐版权保护的社会责任,在网络行为上加以自律,数字音乐版权保护一定会有突破性的进展。

结语

随着互联网数字技术的发展及各种移动终端的普及,数字音乐产业不断繁荣,但是繁荣背后的版权保护问题让人不容忽视,因为版权保护是数字音乐产业由量变到质变的关键一步。与此同时,版权保护也是我国在全面推进依法治国、建设法治中国的过程中不可回避的一个重要部分。数字音乐产业发展在很大程度上赖于法律监管的完善、新技术的制约、付费制度的保障和用户版权意识的提高。随着市场条件的成熟、人们版权意识的增强,数字音乐整个产业链定会朝着健康的方向快速发展。

参考文献

[1] 中国版权协会.版权的力量[M].北京:高等教育出版社,2015:102-103.

[2] 王彬颖."互联网+"时代:音乐价值该怎样实现[N].中国新闻出版广电报,2015-12-03(5).

[3] 曹坤.数字音乐版权保护问题初探[J].经济与社会发展,2012(1):53.

[4] 蒋莉.数字音乐版权的现状与保护.教育现代化,2017(14):235.

[5] 于洋.版权保护视角下我国数字音乐产业发展研究[J].商业经济,2017(6):187.

对互联网医疗问诊的分析与思考

晋钰佳[*]

摘　要：互联网医疗问诊是随着互联网发展起来并方便患者的一种问诊方式，有独特的运行机制和模式。这种以网络为载体的医疗方式受到社会各界广泛关注后，其使用人数日趋增长。互联网医疗为解决患者看病难、医疗资源分布不均等问题的解决提供了极大的帮助。随着互联网技术的发展，互联网医疗问诊也朝着多终端、个性化、线上线下联通化的趋势发展。这种问诊方式有就医成本低廉、优化就医体验和改善医患关系的正面效应。同时，由于互联网中信息多且信源难以确定，监管上存在困难。因此，网络中的医疗问诊网站与APP仍存在很多问题。例如，医疗隐私问题、医生专业性等问题。互联网医疗问诊模式仍需要改进。本文通过对网络问诊的正面和负面效应进行分析，提出网络问诊发展中需要应对的问题。

关键词：互联网医疗问诊；正面效应；负面效应

一、引言

我国医疗资源的分布不均，整体分布为农村少，城市多，东部地区多于

---

[*] 晋钰佳，现为北京印刷学院硕士研究生。

西部地区。因此，越来越多的人开始使用互联网进行信息的搜索以及健康知识的学习。互联网医疗就是在Web4.0时期出现的，以网络为载体，以大数据等信息技术为支撑的一种新兴医疗服务形式，这种形式与传统的医疗服务形式交互并且不断发展壮大。互联网医疗包括线上问诊、药品零售、电子档案、疾病风险测评、医生教育培训、健康保险等方面的服务。本文主要围绕互联网线上问诊这一种服务形式进行探讨。这种线上互动的新形式，便捷、快速且成本低廉，有利于减少医疗资源浪费。

二、我国线上问诊模式发展现状

互联网上的问诊开展是缓解医疗资源分布不均、医院挂号检查过程烦琐费时、产生费用较高等问题的有效途径。同时，由于Web2.0时代开始的"社交性"，网民开始趋向于在网络中发出自己的声音，以"我"为主查找相关信息，提出自己的建议。这个时期的"春雨医生""好大夫在线"网等通过在线，使用文字、图片等方式来进行免费问诊。问诊用户将自己出现的症状进行描述并发布在网上，然后可以看到与自己患病方向有关的医生通过平台进行解答，同时可以通过对话进一步深入了解病情。患者之间可以通过平台相互交流，这使网站不仅是一种问诊的平台，也是一个就医经验分享、患者交换信息的平台。随着线上问诊网站的增多，互联网问诊的业务范围也在不断地丰富发展。线上问诊从简单的网页扩展到多种终端APP，O2O业务范围也朝着"互联网医院"和"个人定制"两个方向发展。

"好大夫在线"与银川智慧互联网医院合作，用"互联网医院"的形式开启商业化模式覆盖全国。"好大夫"之前"只做线上"的定位并没有改变，只是将从前简单一问一答的线上问诊模式改为线上"派单"类模式，并从原来提问回答的方式变为在网站中根据疾病或医院有针对性的寻找大夫进行"收费或免费"的一对一咨询。为了方便线上问诊，减少时间浪费，还开通了电话问诊的相关业务。现在的"好大夫"线上问诊更趋向定位于医疗界的"滴滴"。通过这一平台，用户可以进行会诊或手术的预约，可以通过与线上医生的交流得到医生开具的电子处方与检测结果。与传统线下挂号烦琐的模式不同，"好大夫在线"改变了原来小病也可以挂专家号的传统模式。传统模式会造成专家花费大量时间诊断小病，重病、急病患者的诊治有可能被耽误。实行病情优先的制度，即按照病情的轻重缓急来进行分配，通过审核即可就诊，有效地提高了医疗资源的利用率。

与"好大夫在线"同一时期出现的"春雨医生"则是代表了线上问诊"个人定制"的发展方向。除与"好大夫在线"有相近按分类找医生和名医会诊的模式外，"春雨医生""找医生一对一问诊的服务中更增加了"名医限量抢"和"名医1元义诊"两个模块。这种模式既满足了用户想要体验一对一线上问诊的需求，也满足了用户想要用低廉的价格得到同等优质服务的心理。同时还保留了最简单便捷的"快速提问"的方式，用户可以以图文、语音等方式来描述症状，免费获得专业医生的建议。针对现代人生活的忙碌和亚健康状态，"春雨医生"还开设了"特色服务"的付费版块，包括最受关注的心理课题、常见的脱发等问题的诊疗。该平台还开设了"护士上门"服务，方便没有时间照看病患或没有专业护理经验的家属解决病患护理需求，可以做到足不出户就可以通过线上预约获得专业护理。为了使用户在问诊的同时能够对自己的身体状态有进一步的了解，该平台还衍生出了"线上健康管理"模块。用户既可以通过各种测试来进行疾病风险测试，也可以加入平台内的各种运动计划来养成健康的日常生活习惯。

"阿里健康"的一些板块也体现着互联网医疗问诊"个人定制"的发展方向。除基础的"在线问医"板块外，"阿里健康"还增加了"智能关爱"板块，用户可以将血糖仪、体温计、血脂仪等仪器通过蓝牙或二维码方式来与手机连接。用户将相关的检查数据同步在软件上，相比模糊的自我描述可以获得更准确的在线诊断结果。同时，用户在获得线上医生的答复及需要购买所需药品时，也可以做到足不出户。"阿里健康"开设了类似外卖模式的

"送药上门"服务，用户通过定位即可看到附近的药方及各种药品信息，下单后当日送达。

三、线上问诊的正面效应

（一）改善医疗资源分布不均的问题

目前，我国公共的医疗资源分布不均问题比较严重。无论是医疗界的人才分布，还是医疗器械和最新治疗技术的分布，大城市都优于小城市。贫困地区的人们"看病难"，甚至没钱去看病的"看病贵"问题一直是个难题。线上问诊丰富了人们的就医渠道，也使专家资源可以更高效地被利用起来。线上问诊平台上的医生大都是该领域的专家，用户可以在线进行咨询，也可以进行进一步的预约面诊，甚至可以线上预约手术和免费转诊。严重的病症在"好医生在线"中，还有相关的海外就诊推荐及联系方式和相关费用等介绍，非常有利于缓解我国看病难、看病贵的问题，使医疗资源能够共享。

（二）摆脱时空限制、就医成本低廉

在目前的医疗体制下，到医院就诊需要排队、挂号、缴费等环节，花费较长时间等待，而很多患者对于感冒、小创伤等问题只是不清楚如何用药，进入诊室几分钟就可结束就医。互联网医疗问诊为这些清楚自己病症且较轻的用户提供了用药指导。而对于一些慢性病患者，医院就诊与检测耗费大量时间和金钱且效果不理想，也可以通过线上问诊加上智能设备检测实时掌握自己的身体状况。例如，糖尿病人在血糖控制阶段，可以通过线上问诊将自己的血糖数据及近期的饮食习惯提交给线上医生，通过医生的指导了解对自己目前的身体状况，有效地调整饮食结构，调整胰岛素注射量，预防并发症的出现。

这种问诊方式成本较低，既减免了从患者所在地到医院路上的花费，也

减少了在医院就诊时挂号和检测等的费用和时间的消耗，突破了时间和空间的限制，增强了就医的便捷度。

（三）促进医患沟通，改善医患关系

由于对病情不了解，一些病人会出现精神紧张，如鼻塞、喉咙异物感、耳鸣等症状都可能使患者精神不稳定和情绪焦虑。许多治疗又不能立竿见影，需要患者进行配合，如改变饮食习惯和作息时间等。一些不注意自己生活规律和烟酒均沾的患者，将治疗作用不明显的责任推给医院方面，造成了医患关系的紧张。

在互联网问诊的过程中，医生可以和患者进行耐心的沟通，对于相关的数据内容进行详细的分析，对相关问题和疑惑进行详细的解答。通过这样的交流既可以使患者的情绪得到抚慰，也可以使患者的心声得到倾诉，医生也可以更好地了解患者心理状况，更好地判断患者群的类型，有针对性地进行治疗，提高治疗效果。

（四）改善就医体验

就医排队时间长，尤其是大医院的"春运式"挂号，有时还会遇到各种纠纷，这些都影响了患者的就医体验。再加上有的医院没有足够清晰的引导标识让患者了解就医流程，没有详细的标明注意事项和检查地点，经常出现一些手续需要重复办理的情况，患者难以找到目的地；医生对患者不够耐心、护士护理和巡查不及时等问题，也会使患者的就医体验大打折扣。

互联网问诊可以随时随地通过文字、语音和视频等方式进行病情咨询，快捷迅速。在互联网平台一对一的环境下医患双方平等的交流，不会出现故意让患者去购买某类药品或做无用的检查的情况。"护士上门"服务也是一对一服务，打针、输液、换药和导尿等操作完成后，都需要观察至少20分钟才可离开。这与线下就医时医护人员无法顾及后续反应不同，更注重就医体验和个人感受。

（五）重塑购药方式与渠道

以"阿里健康"为首的线上问诊APP在提供就诊的同时，提供了线上下单购药的方式。这种购药的方式是对传统的医药行业分销模式的调整，它减少了从药商到医院再到购买者烦琐的购药过程，缩短了中间成本，极大地提高了医药行业的运行效率。

四、线上问诊的负面问题

（一）医生专业性有待审核

许多医生以虚假信息注册在平台，冒充名医来进行诈骗。"莆田系医生"在互联网平台一般也能通过审核，资质难以鉴别。这些提供虚假信息的医生的出现就伴随着不实的医疗诊断信息，有的是没有专业的医疗知识，有的连所谓医学常识都没有，有的为了推广虚假、"三无"药品混入平台，有的可能为了图谋用户的相关信息及钱财等。

从各个平台中浏览许多不同病症的问题，答案却是千篇一律。通过平台寻求医生帮助的用户，在这样的医生指导下服用药品而非及时就诊会耽误病情。同时，若这些医生推荐的是"三无"药品，甚至是带有毒品性质的"药片"，则后果更不堪设想。对于缺乏医学常识的患者，在这样的环境下因为"有病乱投医"的心理而很容易受到欺骗。魏则西就是在类似这样虚假信息中损失钱财又延误了病情。虚假医生在平台中有的带有其他目的，如通过与女性群体的问诊、一对一互动聊天获取对方信任，借助面诊等方式诈骗钱财或进行其他非法活动。

（二）部分病症不适用于线上问诊

线上问诊适用于慢性病、轻缓病症。网络上的个人描述症状和图片信息或者简单的化验报告，并不能够完全反映出用户个人的真实情况。同时，网络上的简单询问病史及之前所做的各项检查结果信息，也不能反映出个人现在的状况。医生不可能通过描述"头疼手累没有力气"来判断是低血糖、脑血栓还是脑震荡，可能因为对症状的误判耽误了治疗。

还有很多用户由于一些病症的发病部位或原因难以启齿而害怕去医院就诊，从而转向网络问诊来寻求帮助和安慰。但是例如乙肝、艾滋病等类型的疾病并非通过网上就医就能够解决，只有及时地去医院接受治疗，才能够真正缓解、治疗疾病。

（三）医疗隐私成问题

个人的疾病问题作为医疗隐私是一个极为敏感的问题。而大数据时代下，用户通过各种平台进行相关病症的搜索和提问都被记录下来，上传的电子病历及相关信息也都面临安全问题。

用户完成在线问诊或查阅相关资料后再搜索其他网站，就会收到相关疾病的医疗广告，小则影响用户的上网体验使人感到厌烦，大则有好奇的用户点入垃圾营销网站陷入了骗局。用户还可能会接到各种"莆田系医院"的电话推荐就医，相关的医疗保险员还可能查到用户的患病情况和电话号码，不断地推销相关的保险。

（四）商业模式不够成熟

完全照搬适用于美国等发达国家的一对一问诊模式并不完全适应我国国情。互联网医疗在发展，但相关的法律法规还不够成熟。我国目前的法律法规中并没有对网络中医生问诊、行医资格给出相关的界定和规范，这使这种商业模式存在很大的漏洞。在线上购药这个获取商业利益的环节上，更存在市场监管缺失、相关药物治疗难以保证的情况。

同时，我国的网络用户群体没有养成付费获取资源和信息的习惯。线上问诊的本质是基于互联网的医疗服务，属于服务行业。例如，"好大夫在线"中的电话咨询收费高于其他业务,因此开设几年来商业利润较低,原因还是在于用户难以接受这种付费商业模式。

结语

互联网医疗问诊正处于发展阶段,虽然已经形成自己的运作和盈利模式,但在商业运作和医疗隐私等方面仍存在各种弊端,所以还要加强相关的法律法规制定,进行合理有效的市场监管。只有这样,才能进一步提高互联网问诊的服务质量、扩大业务范围,真正做到与实体医院的互通互联。

参考文献

[1] 王岳.互联网医疗呼唤法律保驾[J].中国卫生,2015(4):70-71.

[2] 缪锐锋,张爱红.论医疗行为的法律界定[J].法律与医学杂志,2004(1):27-30.

[3] 陈金雄.互联网+医疗健康:迈向5P医学时代[M].北京:电子工业出版社,2015:46-56.

[4] 汪鹏,吴昊.国内外移动互联网医疗应用现状及未来发展趋势探讨[J].中国数字医学,2014(1):8-10.

[5] 王兰永.互联网医疗探索与思考[J].信息与电脑:理论版,2014(8):75-76.

江小白的营销策略分析

杨 奇[*]

摘 要：江小白是重庆江小白酒业有限公司的一款产品，在川渝两地的白酒行业中排名第一。作为白酒业的新起之秀，"江小白"的成就离不开其"打破常规""别出心裁"的营销策略。"江小白"的出现改变了消费者对白酒的认知；创作了独到的品牌塑造方法；强调了新语境下的营销之道。

关键词：品牌塑造；江小白；城市标签

江小白是重庆江小白酒业有限公司（原名：重庆江小白酒类营销有限公司）的一款产品，是轻口味高粱酒。从2011—2017年，江小白每年的销售量都呈100%增长。其单价虽只有20元，但每年的销售额能达到3个亿，在川渝两地的白酒行业中排名第一[1]。世界著名营销大师彼得·德鲁克说："做企业要敢为天下先，敢走前人没有走过的路，敢做前人没有做过的事情。做事情不能因循守旧，要有创新的态度、创新的思维和创新的举措，只有这样才能比别人走得快，走得远，才能使企业取得更大的成功。"[2]作为白酒业的新起之秀，江小白的成就离不开其"打破常规""别出心裁"的营销策略。

---

[*] 杨奇，现为北京印刷学院硕士研究生。

一、"江小白"的出现：改变了消费者对白酒的认知

江小白诞生于2011年，自称以青春的名义创新和创意和颠覆，深刻洞察了中国酒业传统保守的不足，拘泥于千篇一律的历史文化诉求，对鲜活的当代人文视而不见[3]。确实，与大众熟知的茅台、五粮液、国窖、牛栏山、红星二锅头等品牌宣传历史感、国粹、高档饭局与发泄情绪不同的是，"江小白"一开始所倡导的就不是酒的本身，而是一种属于"80""90"两代人的"情怀"。从主要销售市场、目标人群定位到包装、口感再到宣传路径，江小白另辟蹊径，开启了一条自身独到的成功之路。

（一）入驻重庆，开发川渝市场

在白酒行业，曾有"东不入皖，西不入川"的魔咒。因为对于安徽和四川两个地区来说，白酒市场已经成为一片"红海"，本土的酒类品牌已经形成规模，很难再开发新的市场。

在这样的环境下，江小白却依旧将川渝地区作为销售的主要市场。特别是江小白的产地在江津，江津老白干是四川的七大名酒之一。可是即便如此，江小白依旧可以挖掘入驻重庆的优势。拿产地来说，江津以地处长江要津而得名，东邻巴南区、綦江区，南界贵州省习水县，西接永川区、四川省合江县，北靠璧山区、九龙坡区、大渡口区，地理环境极佳，水源优质，许多名酒都产自这一带。再者，川渝地区有着浓厚的酒文化。

不仅如此，江小白将其目标人群定位为"80后""90后"的年轻一代，与之前大多白酒将目标人群定位为成功人士或年长的人群完全不同。正因如此，"江小白"发现了白酒业的蓝海市场。"80后""90后"身上所体现的文化是介于传统与现代之间的，也是最容易向两极扩散的人群。

"江小白"独特的视角，使之不但打破了"西不入川"的魔咒，还在川渝地区开发了一片市场。

(二)"简"包装,"轻"口味

从江小白的命名来看,它与江津老白干是相对应的。江是江津的江,是长江的江;小白是取自网络用语里的新人,就如同"江小白"是白酒行业里的新人一般。事实也正是,2012年,这个白酒业的"小白",才开始他的成长之旅。

跟传统的白酒包装强调高档、有历史感不同。江小白在包装上,从最初的有着清新的色调,印着"江小白语录"的小小磨砂玻璃瓶,到后来从消费者自发创作的包装设计作品中选取的个性化定制的色彩明亮的"表达瓶",再到后来色调简单的"青春版500毫升""三五挚友"和"拾人饮",每一种包装看上去都那样简单却不失精致,清新、通透,且识别度高。

口感上,江小白追求的是符合新一代市场需求,符合国际需求的轻口味特征的酒。采用100%红皮糯高粱自然发酵的单纯高粱酒工艺,把酒低度化为45度,其特点是口感绵甜。除此之外,江小白还可以配合各种饮料实现108种喝法,让消费者体验不同的口感。

这种"简"包装,"轻"口味的做法,使得江小白一下子与市面上其他品牌的酒区分开来,也与"青春小酒"的定位相符,酒也可以变得年轻化、时尚化。

(三)强调浪漫与情怀

像前面提到的那样,江小白向年轻一代兜售的是一种生活态度。江小白精准地抓住了"80后""90后"的心理,通过印在瓶身上的文字向消费者传递不同的酒文化,使消费者认识到喝酒不再只是为了陪领导吃饭的无奈、外出应酬的苦楚,或是为了挤入另一个阶层的必备技能,更不是用来逃避现实的手段;酒也不必拥有千百年历史、不必高档昂贵、更不必辛辣锁喉,喝一口便被呛出眼泪。喝酒可以变成一种对生活的感悟,变成一种特殊的独处,是可以与三五好友对酌,回忆过去,畅想未来。酒也可以"文艺范",还可以根据自己的心情选着108种喝法。总之，自己高兴就好，"我是江小白，生活其实很简单"。喝"江小白"，更多的是一种小资情怀。

江小白是小众的，是现代的，它的出现给了白酒一个再定义，让人们可以重新认识白酒：白酒不一定要与历史感、国粹、成功人士身份的象征或者底层社会发泄苦楚的工具。白酒也可以文艺，可以清新，更可以年轻时尚，可以与不同的饮料一起调和口味，还可以是和三五好友一起休闲畅谈，传递信息，表达心意，抑或在夜深人静对抗寂寞与孤独时的独酌。

二、品牌塑造方法

好的品牌营销就是要实现用户与品牌的共同价值，江小白的成功也源于此。那么江小白是如何一步步将品牌与用户进行扣链，又是通过哪些连接来塑造这个品牌的呢？

（一）由表及里挖掘"江小白"的形象内涵，注重"江小白"与消费者的情感连接

江小白给人一种鲜活的印象。每一瓶江小白的瓶身上都印着一个长着大众脸，戴着一副黑框眼镜，围着黑白格子围巾，穿一套西装的小男生。这个人物原型代表的是千千万万的"80后""90"后。单看这个卡通形象或许是抽象的，但江小白语录版中的一字一句都又让"他"变得鲜活，具有代表性。他将无数"80后""90后"的心声娓娓道来。江小白推出的表达瓶，一个个由消费者原创的个性化定制的表达，让"他"变得真实。

江小白有着自己的生活态度："我是江小白，生活其实很简单""关于明天的事情，我们后天就知道了""我们不怕衰老，不怕失去，害怕的是，在凝固的岁月里慢慢同化""大道理人人都懂，小情绪难以自控"等。与此同时，江小白还是一个有信念的"人"，例如，解读江小白拾人饮——抱着必胜的心，召唤自己向往的未来，与无数人齐心创造出更加美好的明天，或者

是其他。

江小白每一代产品都叫江小白,每一代产品都是对江小白的品牌内涵进行补充,让"他"变得更加鲜活真实,越来越多的消费者与之产生共鸣,这种共鸣使消费者乐于将其进行二次传播。消费者自发的在各大社交平台为江小白做宣传,由此江小白与无数消费者互为代言。

"语录版的江小白"精准地抓住了消费者内心的苦楚与向往,"表达瓶的江小白"实现了消费者的自我展演。"三五挚友的江小白"传递的是一种生活方式。"拾人饮的江小白"勾勒的是对未来的希望。江小白的形象内涵给消费者留下了深刻的印象,并由此吸引了众多消费者。

(二)重视品牌传播与拓展

在"80后""90后"当中,有很大一部分人的内心都住着一个"文艺青年",而"江小白"确确实实就是一个那样的文艺青年,"他"的代名词叫作"青春"。

从《火锅英雄》《从你的全世界路过》《小别离》《好先生》到《北上广依然相信爱情》等多部热播电影和影视剧中,都能看到江小白的身影。恰到好处且毫无违和感的植入,让无数人知晓江小白的存在。抓住"80后""90后"热爱表达的特性,制作了多个《我是江小白》的MV,又针对新一代拒绝循规蹈矩,想要活出自我的特性,请顶尖的嘻哈乐队在重庆、成都、长沙、武汉举办了"江小白YOLO有路"HipHop巡演。

此外,江小白还涉足了艺术、游戏、动漫等各@个领域,开发了许多衍生物,如既有已经上线的江小白表情包,还有2017年下半年将上映的我是江小白动漫。这些都是时下年青一代更为关注和喜欢的东西。江小白正渐渐地渗透到消费者的文化当中,一种属于年青一代所热爱的现代文化。

(三)与所在城市——重庆进行连接,将自己打造成城市标签

重庆,是与"江小白"有着千丝万缕关系的城市。听到重庆,人们最先

联想到的是重庆美女与美食，而江小白试图将品牌与"重庆"这座城联系在一起。2017年4月，歌曲《重庆的味道》的歌词："火锅配上江小白的味道才最霸道"，也从侧面说明火锅配江小白已经成为一种常态；5月在微博话题"简单生活"中推出关于空巢青年短片，讲述一群年轻人由于各种生活压力，不得已离开故乡重庆，他们对重庆有着说不尽的思念，而在他们的记忆里，最为怀念的就是重庆火锅配上江小白的味道，这就给阅听人营造了一种"火锅配上江小白"的重庆印象；7月，江小白又在微博主持话题"你好重庆"与民谣歌手张宴铭携手推出同名歌曲及MV《你好重庆》："每个人的心里都有一座城，那里或许是你的故乡，那里有你的故事或是你喜欢的人的故事，又或者那里有你喜欢的人，总之，那里有你想去的理由。而这座城市可能是重庆，这里不但有你的故事，有你喜欢的人的故事，还有你喜欢的人，最主要的是，这里，有江小白"，又把江小白和重庆这座城市进行连接。

江小白通过产品来和接消费者进行情感连接，培养消费者的品牌好感度；品牌传播与拓展使消费者产生品牌认同；将自己打造成为一个城市的标签，培养消费者的品牌依恋。正因如此，江小白能在白酒行业获得一席之地，得到消费者的高度认可。就算现在市面上出现了一些仿品，江小白也依旧拥有不可替代性。

三、新语境下的营销之道

科技的进步与发展，为我们营造了媒体新语境。在这个媒体社会化的新语境下，社群的"功能"被无限放大，它影响并改变着人们的消费观和行为方式。

打开新浪微博搜索"江小白"，会发现每天都有用户在发表与江小白相关微文，据能查到的新浪微博指数显示从2013年12月1日到2017年7月13日，99.9%指数都不为零。其中，最高的一天的微博指数达到了10559，而且搜索"江小白"用户会发现除了江小白官方微博、江小白商城和江小白公司销售部品牌经理：我是江小白以外，还有近50个显示是不同区域的江小白文字标志或形象标志的账号，如江津江小白，江小白湖南，北京江小白等。这些微博账号的粉丝量最高的不过17万，最少的只有100多人，但这些数字一直在增长。根据笔者的观察，江小白微信公众号、江小百度贴吧的关注度也在逐日递增，从2011—2017年，百度"江小白"搜索的周平均值也在逐年增长。江小白的成功不是意外，而是一点点的积累与沉淀。总结在新语境下企业的营销之道，主要有以下几点。

（一）创意

根据万花筒原理，所谓创意，就是旧元素的新组合。回过头来看江小白之所以会如此畅销，所运用的创意也是根据这个原理。"青春，就是一种小资情怀加上江小白"。

江小白顺应着时代背景，将现代文化融入产品理念中，找到传统文化与现代文化的契合点。迎合"互联网+"的语言艺术，通过定制化的方式实现与消费者的品牌共创，传递了一种抽象而具体的生活艺术。

（二）思维

氵+来，读作lai（来），那么，氵+去，应该读作什么？qu（去）？答案是fa（法）。与国人从小接受的教育相关，一直以来，我们接受的都是垂直思考法，当我们提到白酒的时候，我们最先想到的是传统的酒桌文化，所以以往的白酒在做营销时都会将其悠久或辉煌的历史文化作为切入点。而"江小白"却是从这种常规的思维方式中跳脱出来，高举"青春"的旗帜，将现代文化与白酒联系起来。

（三）差异性

差异性，即品牌差异，又叫不可替代性。市面上同类产品众多，想要持续保持市场竞争力，不但要建立品牌形象，将品牌拟人化，人格化、还要创造品牌与消费者的共同价值，使消费者对品牌产生品牌依恋。

江小白的品牌差异性就在于，"他"从现代文化出发，以青春的名义，向消费者兜售"情怀"，成为目标受众中任意一个人的缩影。

由江小白的成功我们可以看出：好的营销策略一定是极具创意，是与时俱进的，将一些旧的元素重新进行排列组合，是可以跳脱出常规思考方式的牢笼，深刻洞察市场需求；是能找到连接品牌与受众的途径，实现品牌与用户的共同价值的。

参考文献

[1] 20元江小白一年卖3个亿,创始人陶石泉讲诉江小白背后的故事[EB/OL].https://v.qq.com/x/page/o0513vhv1kn.html2017-06-12.

[2] 彼得·德鲁克.营销名言[EB/OL].http://www.docin.com/p-1468598889.html2016-02-26.

[3] logo朋友圈.青春小酒江小白logo设计[EB/OL].http://logonc.com/10022.html2015-1-11.